É PROIBIDO RECLAMAR

SALVO NOÈ

É PROIBIDO RECLAMAR

DÊ OS PRIMEIROS PASSOS PARA
MELHORAR A SUA VIDA E A DOS OUTROS

PREFÁCIO DO
PAPA FRANCISCO

Tradução:
João Carlos Almeida, scj

)]|(Academia

Copyright © Salvo Noè, 2017
Copyright © Editora Planeta do Brasil, 2019
Título original: *Vietato Lamentarsi*

Preparação: Karina Barbosa dos Santos
Revisão: Project Nine Editorial e Diego Franco Gonçales
Diagramação: Anna Yue e Francisco Lavorini
Capa: Adaptada do projeto gráfico de Luca Dentale / studio pym

DADOS INTERNACIONAIS DE CATALOGAÇÃO NA PUBLICAÇÃO (CIP)
ANGÉLICA ILACQUA CRB-8/7057

Noè, Salvo
É proibido reclamar : dê os primeiros passos para melhorar a sua vida e a dos outros / Salvo Noè ; tradução de João Carlos Almeida, scj. – São Paulo : Planeta, 2019.
176 p.

ISBN: 978-85-422-1551-9
Título original: Vietato Lamentarsi

1. Técnicas de autoajuda 2. Sucesso 3. Felicidade 4. Autorrealização 5. Vida cristã I. Título II. Almeida, João Carlos.

19-0182   CDD: 158.1

Índices para catálogo sistemático:
1. Técnicas de autoajuda

2019
Todos os direitos desta edição reservados à
Editora Planeta do Brasil Ltda.
Rua Bela Cintra, 986 – 4º andar – Consolação
01415-002 – São Paulo-SP
www.planetadelivros.com.br
atendimento@editoraplaneta.com.br

*As reclamações são como
cadeiras de balanço:
mantêm você ocupado,
mas não levam a lugar nenhum!*

SUMÁRIO

PREFÁCIO 9

INTRODUÇÃO 13

PRIMEIRA PARTE
LEITURA E ANÁLISE DO PROBLEMA

1. AS RAÍZES DA RECLAMAÇÃO 19
2. A CRISE E A NOSSA RESPOSTA: QUERER É PODER 31

SEGUNDA PARTE
PROPOSTAS TEÓRICAS E EXEMPLOS CONCRETOS

3. ANÁLISE TRANSACIONAL 51
4. CONFIE EM SUAS PRÓPRIAS CAPACIDADES E PROCURE MELHORAR 77

TERCEIRA PARTE
PROPOSTAS PRÁTICAS PARA A VIDA

5. PENSANDO A MUDANÇA 101

6. O PAPEL DA MOTIVAÇÃO 122
7. TER AUTOESTIMA E AUTOCONFIANÇA 145
8. AGIR COM ENTUSIASMO 162

CONCLUSÕES 172

PREFÁCIO

Neste livro, o doutor Salvo Noè nos oferece muitas dicas de como lidar com as dificuldades e os imprevistos, evitando cair nas armadilhas da vitimação e vendo em cada adversidade a possibilidade de renascer mais seguros e fortes. Isso é muito útil, neste tempo de tanta velocidade ao nosso redor e muita fragilidade dentro de nós.

A solução não é afastar-se do mundo ou lutar contra tudo o que nos rodeia, mas melhorar a realidade a partir do que somos, do nosso interior, dos nossos relacionamentos. O amor abre os olhos, o abraço abre o coração. Se tantas armadilhas nos fecham em nós mesmos, a saída é abrir espaços para a oração e a escuta, o respeito e a compreensão, para nos libertarmos das sombras da tristeza e das lamentações.

Essas sugestões para a vida também têm a ver com a fé, que recebe o impacto do tempo em que vivemos. E o nosso tempo é caracterizado pela prevalência de sentimentos e emoções, pela incerteza e pela fragilidade, por tantas feridas que repercutem em nosso mundo interior. Mas em nosso coração também pode florescer a livre escolha de amar. Comece evitando as lamentações, não se deixando dominar pela tristeza das mágoas sofridas e pelas aflições que a vida nos reserva. Essa é uma escolha coerente com o dom da fé: pela fé acreditamos que, acima e além de tudo, somos e seremos sempre os filhos amados do Pai. Sempre amados, apesar do pecado e da incoerência. Essa é a fonte da nossa alegria, uma alegria mais profunda do que as emoções que vêm e que vão, uma alegria que supera a ansiedade que aflige a existência, uma alegria que supera a dor, transformando-a em paz.

Existem pensamentos e palavras que atrapalham essa alegria e fazem mal ao coração: por exemplo, as reclamações dirigidas aos outros, mas também a si mesmo. Mas aquelas dirigidas a Deus – como mostra o livro da Bíblia chamado "Lamentações" – nos abrem aos relacionamentos, a um desabafo benéfico, à prece que cura. Há, portanto, caminhos do coração que não devemos seguir e outros que devemos assumir com coragem; existem tentações que devem ser enfrentadas e oportunidades que precisamos aproveitar para escolher como conduzir a vida, para escolher o tesouro a ser conquistado. Porque, ensina Jesus: "Onde está o teu tesouro, ali estará o teu coração" (Mt 6,21).

No coração de cada um de nós, há um pouco de poeira que se instalou, um pouco de ferrugem que se formou; às vezes existe um grande peso não removido. O encontro com o Senhor que nos conhece, ama e cura, o relacionamento sincero e aberto aos outros, o amor que incentiva as mais belas potencialidades da nossa liberdade são as forças capazes de remover essa pedra, de remover essa ferrugem, de eliminar essa poeira. Temos necessidade disso porque não somos super-homens, mas pessoas a caminho; pecadores frágeis, mas ao mesmo tempo destinatários privilegiados do amor fiel de Deus que sabe mudar o lamento em dança (cf. Sl 30,12).

Nosso Mestre está ferido, como nós e por nós: suas feridas não desapareceram, mas estão cheias de luz pascal. Assim, quando seguimos Jesus no caminho do amor, pouco a pouco aprendemos a ver até mesmo na dor o amadurecimento da vida; nas provações, a esperança; na crise, o crescimento; na noite, o amanhecer; na cruz, a ressurreição. E sentimos que não vale a pena perder-se em reclamações e ressentimentos. O caminho não é encarar as pessoas e os acontecimentos com medo, mágoa, críticas e desconfianças, mas apostar naquele amor que "tudo desculpa, tudo crê, tudo espera, tudo suporta" (1 Cor 13,7); naquele amor que encontra no perdão recebido e doado a força para sempre recomeçar.

Encontrar-se a si mesmo é, portanto, colocar-se nas mãos de Deus, como uma criança nos braços do pai. Assim, nunca nos sentiremos desenraizados da vida e da história: seremos acompanhados no caminho por um Pai que nos ama e, com paciente delicadeza, nos mostra a direção a seguir. E quando, por acaso, a tentação do rancor e a ferrugem da hostilidade começarem a corroer os relacionamentos, saberemos que devemos seguir Jesus andando contra a corrente, tomando o percurso da reconciliação, com humildade e mansidão. É o caminho de Jesus: o da conversão contínua, de uma vida sem luxo ou conforto, mas vivida até o fim com a verdadeira coragem, aquela do amor humilde.

Para apreciarmos a nós mesmos porque somos amados, para sairmos do abismo das feridas e dos ressentimentos pela mão do Senhor, escolhemos a vida, buscamos o próximo, acolhemos cada dia como uma ocasião para nos doarmos, lutando para remover as lamentações da vida, o veneno dos julgamentos, a penumbra dos pensamentos, o falatório de alguns encontros e reuniões, o ressentimento do coração. O caminho faz com que o amor habite em nós: porque só o amor preenche os vazios, cura as feridas, sara os relacionamentos. Somente o amor infunde a confiança, dá a paz, restaura a coragem e transforma a vida em uma grande obra de esperança.

Francesco

INTRODUÇÃO

Desde pequeno, sempre ouvi o ditado popular: "Quem não chora não mama".

É uma frase que sempre me impressionou, porque significa que, se você for otimista, você se dará mal.

Cresci com essa expressão, que também está associada a características físicas, como a testa franzida e os ombros curvos.

Um dia decidi não concordar e tive a ideia de dizer isso em voz alta. Por isso, escrevi este livro com o título: É Proibido Reclamar. É uma espécie de luz que eu gostaria de projetar nessa realidade que todos nós construímos com nosso modo de falar. Muitas vezes não estamos conscientes disso, e este livro servirá também para nos lembrar de algumas coisas que sabemos, mas facilmente esquecemos.

A repetição desta frase criou um "encantamento" que nos transformou em um povo de lamuriosos, sempre vítimas de alguma coisa ou de alguém.

Embora eu reconheça as dificuldades da vida, não posso acreditar que a solução se encontre na lamentação. Pelo contrário, acredito que está no desejo de mudar nossa condição para melhor. Como dizia Martin Luther King: "Talvez você não seja o responsável pela situação em que se encontra, mas vai acabar sendo se não fizer nada para mudá-la".

A história de um povo se esconde por detrás da linguagem.
Todos queremos uma vida melhor, todos procuramos aquela serenidade, aquela calma que nos ajuda a enfrentar os obstáculos, os imprevistos, as dores da existência.

Muitas vezes, porém, esta vontade teórica e genérica de viver melhor não é colocada em prática, por alguns motivos que explicarei durante o percurso que faremos juntos ao longo deste livro.

Uma coisa é certa: na vida, devemos ter mais entusiasmo, mais gratidão e mais responsabilidade, para alcançarmos a harmonia e a alegria de viver.

O objetivo é se libertar do sentimento de inadequação que nos leva a reclamar e, ao mesmo tempo, transformar os sentimentos de autodepreciação em estima e amor-próprio. Para isso, precisamos ter novas sensações e novas visões que nos tragam bem-estar físico e psíquico, para a harmonização dos aspectos práticos e emocionais da existência. Só assim será possível escapar da armadilha do vitimismo.

O coração da vida está na fé, na confiança, no desenvolvimento das próprias capacidades e na ajuda ao próximo. Nas instituições, nas famílias, nos relacionamentos interpessoais, no ambiente de trabalho, é preciso respirar novos ares, imaginar um futuro melhor e fazer coisas concretas para conseguir uma transformação positiva.

Este livro pretende estimular sua consciência de maneira positiva. Use-o como um manual para tornar o seu caminho mais fluido e satisfatório. Se, durante a leitura, algo lhe parecer inspirador, pare e escreva em uma folha à parte aquilo que você deseja melhorar ou mudar em si mesmo. Também haverá perguntas para você responder. Tudo isso porque o que realmente nos muda é a prática.

O percurso deste livro se desdobrará em 3 partes. Na primeira, analisaremos as motivações que levam as pessoas a reclamar. Também será imprescindível examinar os aspectos sociais que influenciam a ação subjetiva.

Na segunda parte, serão ilustradas algumas propostas teóricas interessantes, com exemplos concretos para tornar essa experiência ainda mais incisiva.

A terceira parte será dedicada a uma série de propostas práticas com exercícios para potencializar a autoestima e a motivação.

Quero transmitir todo o ânimo e o entusiasmo que tenho dentro de mim, começando com a seguinte afirmação:

Pare de reclamar e comece a potencializar-se, respeitando e amando a si mesmo.

PRIMEIRA PARTE

LEITURA E ANÁLISE DO PROBLEMA

1
AS RAÍZES DA RECLAMAÇÃO

Por que passamos tanto tempo reclamando?

Porque estamos **acostumados** com isso e somos profundamente **insatisfeitos**. Reclamamos por causa da nossa sensação de vazio e pela incapacidade de dar um sentido à própria vida. Muitas vezes a reclamação, à qual nos entregamos até por banalidade, é uma indicação do nosso grau de insatisfação.

A reclamação torna-se uma maneira de enfrentar a vida, mas também uma maneira de despertar nos outros um sentimento de pena. É como se a "Vítima" acionasse um mecanismo para atrair o potencial "Salvador" que tem diante de si. Trata-se de um método eficaz para manipular os outros. Falaremos muito sobre isso na segunda parte deste livro.

Outra razão pela qual nos queixamos é o nosso profundo **egocentrismo**, sustentado por uma falta de empatia. É como se tivéssemos por certo que precisamos receber mais atenção dos outros e, quando isso não acontece, lamentamos. Nós nos sentimos perseguidos pela falta de sorte, a ponto de pensar que tudo o que nos acontece é porque o universo conspira contra nós.

Mesmo compreendendo que há momentos negativos que devem ser expressos, administrados e compreendidos, a coisa mais importante é não tornar a reclamação um hábito. Pense nisso: se é a ação que determina a mudança, como podemos fazer uma transformação se continuamos a encher a cabeça com palavras debilitantes, que desencadeiam estados de ânimo negativos?

Certamente nos custa encontrar soluções, porque somos vítimas de um "encantamento" negativo.

Mas, mesmo quando estamos cercados de pessoas que só reclamam, ou multiplicam palavras sem nenhum propósito construtivo, a qualidade de suas vibrações negativas tem repercussões sobre nós.

As reclamações são um buraco negro onde a energia se desintegra.

O que são os hábitos?

Trata-se de comportamentos automáticos, repetidos, reiterados ao longo do tempo; pensamentos e ações tão enraizados em nós que acabamos repetindo sem ter consciência, como se tivéssemos acionado uma espécie de piloto automático.

Existem hábitos limitantes e hábitos potencializadores. A reclamação é um hábito limitante, especialmente se a colocamos em prática sem buscar solução, mas apenas pelo fato de nos sentirmos vítimas da situação que estamos vivendo. Isso provoca, em nós mesmos e nos outros, uma desvalorização que bloqueia qualquer progresso rumo a uma solução. É uma espécie de GPS que sempre nos leva para a frente de um muro intransponível.

Apegar-se aos hábitos limitantes, repetindo sempre os mesmos gestos, pensamentos e as mesmas palavras, nos impede de reagir com equilíbrio às novidades. A cada coisa nova, reagimos com caos e improvisação, e o que vai contra nossos hábitos se torna fonte de mal-estar. A partir disso, podemos deduzir que as ações habituais, embora reconfortantes, voltam-se contra nós e nosso bem-estar, porque fazem com que cada pequena novidade pareça um imprevisto negativo.

É como se fôssemos anestesiados pela preguiça, paralisados pela imobilidade diante de cada impulso físico e emocional, de cada ação.

Como fazer para mudar os hábitos limitantes? Como fazer para impedir que eles condicionem negativamente os relacionamentos amorosos e todos os outros relacionamentos interpessoais? Devemos procurar uma substituição agradável do hábito limitante, algo que esteja a nosso favor e que seja gratificante em nível pessoal. Por exemplo, seria útil substituir a lamentação pelas perguntas: "Como posso melhorar minhas habilidades diante destas situações?", "Quais competências comportamentais e/ou cognitivas preciso desenvolver?"

Duas coisas em particular nos salvam do vitimismo crônico: **relacionamentos** (capacidade de criar vínculos interpessoais) e **competências** (capacidade de encontrar as melhores estratégias para lidar com os desafios da vida).

As competências são divididas em **3Cs**.

Conhecimento, Capacidade, Comportamento. O conhecimento é ligado ao saber; a capacidade, ao saber fazer; e o comportamento, ao saber ser.

COMPETÊNCIA

CONHECIMENTO	CAPACIDADE	COMPORTAMENTO
SABER	SABER FAZER	SABER SER

Devemos sempre continuar a aprender, porque o que sabemos pode não ser suficiente diante dos problemas que surgem.

Mudar hábitos significa aumentar o conhecimento de si mesmo e do mundo. É um fator importante para o crescimento pessoal e para se sentir mais satisfeito e sintonizado com os outros.

Na terceira parte deste livro, falaremos sobre os hábitos para alcançar a excelência.

Precisamos nos lembrar de que nosso caráter é uma soma de hábitos.

Se mudarmos os hábitos, mudaremos o caráter.

As armadilhas da reclamação

Os hábitos limitantes podem criar armadilhas, que se tornam curtos-circuitos mentais.

- **A primeira armadilha** na qual frequentemente caímos é considerar a tendência a reclamar como um mero traço de caráter. Atenção: a reclamação não é um traço de caráter ou de personalidade. É um hábito que aprendemos e continuamos a praticar diariamente, até torná-lo automático.
- **A segunda armadilha** a ser evitada é a difusa convicção limitante de que as lamentações são úteis. No entanto, é inegável que lamentar-se produz alguns efeitos. Vejamos quais:
  1. Mantém nossa mente concentrada no problema, mas não na solução.
  2. Traz de volta à mente as emoções negativas relacionadas à experiência, mantendo-as vivas e presentes.
  3. Impossibilita novas visões que nos permitam encarar o problema de forma diferente.
  4. Mantém nossos pensamentos ligados ao passado, ao pior do passado, roubando as energias do presente.
  5. Suscita pensamentos, nos faz refletir, nos deixa intrigados... impede-nos de agir.
  6. Acaba com a convicção de que a mudança é possível.
  7. Faz com que nos identifiquemos com nossos pensamentos e sentimentos negativos.

- **A terceira grande armadilha** é pensar que reclamar nos livra das emoções negativas. A respeito disso, um importante esclarecimento deve ser feito: desabafo é diferente de lamentação.

Todos nós vivemos experiências negativas, decepções, dores, injustiças, perdas. Nesses momentos, é muito útil compartilhar as emoções e experiências com pessoas próximas, dando voz aos próprios sentimentos. Se não fizermos isso, corremos o risco de reter os aborrecimentos.

Colocar para fora e compartilhar as emoções é muito útil para assimilar uma experiência negativa. O desabafo tem uma duração limitada e, acima de tudo, pode nos ajudar a encontrar uma solução. Quem se sente mal, quem denuncia uma injustiça, quem se rebela contra algum tipo de abuso deve expressar a emoção que sente. Nesse caso, não é uma lamentação, mas uma expressão autêntica do sentimento que procura uma solução.

Muitas vezes, não podemos controlar os fatos, mas podemos decidir como agir em relação ao que acontece conosco. Basicamente, somos capazes de:

- Decidir que atitude tomar.
- Decidir que significado atribuir.
- Decidir que ações realizar.

As lamentações, no entanto, são um hábito cotidiano que não busca solução. Aqueles que só reclamam fazem isso automaticamente e querem continuar a fazê-lo.

Por exemplo, se reclamo da falta de trabalho, posso tranquilamente passar o dia no bar. Talvez nem queira realmente trabalhar e, então, a lamentação me permite encontrar uma justificativa plausível.

O lamurioso induz os outros a fazerem o que ele mesmo deveria fazer.

Uma coisa é ter a capacidade de ver os aspectos negativos, outra é ver tudo de forma negativa. O foco é muito importante.

Aquilo que você focaliza se torna sua realidade!

O cérebro e a neuroplasticidade

Neuroplasticidade é **a capacidade do cérebro de se modificar,** a partir do ponto de vista estrutural e funcional, em resposta às experiências, como resultado dos estímulos cognitivos que recebemos durante toda a vida. O cérebro é feito para ser feliz, mas às vezes nós o bombardeamos com pensamentos negativos. Quando assimilamos isso, entendemos que modificamos as conexões neuronais, de acordo com a maneira como percebemos e damos sentido ao que nos acontece.

Pesquisas científicas recentes, realizadas inclusive na Universidade de Stanford, mostram que as ondas magnéticas características das lamentações literalmente desligam os neurônios do hipocampo, responsáveis, entre outras coisas, pela solução dos problemas. Produzir ou permanecer exposto a lamentações por mais de trinta minutos causa danos consideráveis ao cérebro. Em linhas gerais, *nós nos tornamos aquilo que vivenciamos*.

Em vez disso, as pessoas que escolhem conscientemente transformar as dificuldades em oportunidades de crescimento geram um desenvolvimento positivo das redes neuronais, que melhoram a percepção e a capacidade de encontrar soluções apropriadas para os problemas. O cérebro se modifica em função de como o usamos e como o alimentamos, somos os arquitetos da nossa estrutura cerebral. *O cérebro não elimina, acumula.*

Energeticamente, sabemos bem, graças também às modernas descobertas da física quântica, que, aonde o pensamento vai, a energia flui e cria! Quanto mais negativos são meus pensamentos, mais estou nutrindo aquela situação de energia negativa. Psicologicamente, será criado um círculo vicioso, e esses pensamentos se tornarão a única realidade possível, multiplicando exatamente as situações que confirmam esse processo.

Em nossa vida, atraímos situações e pessoas relacionadas ao que somos (identidade) e podemos influenciar o ambiente que nos rodeia e as pessoas com quem nos relacionamos.

Chamo isso de "poder pessoal". Ele determina a maneira como desenvolvemos nossa vida e reagimos aos acontecimentos com base em nossa programação mental. Tudo o que acontece conosco nos faz entender o ponto de evolução em que nos encontramos. Para alcançar nossos objetivos, precisamos aprender as coisas. Este é o sentido dos obstáculos que encontramos no caminho: eles nos ajudam a desenvolver outras competências necessárias para nos tornarmos o que quisermos.

Se estivermos conscientes disso, atrairemos as experiências de que precisamos para crescer. Caso contrário, repetiremos sempre os mesmos esquemas.

O que acontece se nos limitamos a reclamar?

Corremos o risco de arruinar as nossas vidas e nos sentirmos cada vez mais impotentes. Isso é uma lástima.

Se existe uma coisa que causa problemas na vida, é não ser capaz de expressar seu próprio talento e sua riqueza interior. Descobrir e valorizar nossos talentos, nossa vocação, é extraordinário, porque temos algo a oferecer.

O pior que podemos fazer é bloquear nossa vida por meio da repetição cega de um hábito que retorna sempre a um ponto dolorido. Uma *sombra* constante...

Reclamar significa: resmungar, condoer-se, recriminar, acusar, afligir-se, desesperar-se, queixar-se, lamentar-se... você percebeu como soam essas palavras? São extremamente desmotivantes!

Quem tem o hábito de reclamar adquire uma "cara de resmungão", fica com aparência mais feia e tem menos motivação positiva.

Em vez de se lamentar, procure encontrar outras maneiras de lidar com as coisas da vida. Use palavras que o incentivem e lhe tragam estados de ânimo positivos, como: oportunidades, possibilidades, resultados, soluções, compreensão, realizações e gratidão.

Otimizar o que temos para fazer algo a mais. Essa é a missão [*mission*] da nossa vida.

Por que nos maltratamos?

Porque não conhecemos nossa verdadeira natureza, nosso grande potencial e porque nos afastamos de Deus.

O ser humano está "adormecido" e isso não ajuda no seu progresso rumo ao crescimento. O que eu procuro fazer também por meio deste livro é tornar as pessoas mais humanas.

Mediocridade emocional é o estado geral em que se encontra a humanidade. É uma falta de desenvolvimento da inteligência emocional.

Não querem que você seja inteligente, porque, quanto mais você for, mais difícil será explorá-lo, enganá-lo, torná-lo um escravo. E é isso que os poderes constituídos querem de você. Uma pessoa que acredita pouco em si mesma é semelhante a uma árvore podada regularmente para impedir que ela cresça. Nunca chega a dar flores, não se desenvolve, não tem perfume. Vive para consumir e talvez procure a felicidade nas coisas materiais, nas drogas, nas máquinas caça-níqueis...

Mas você não pode encontrar Deus na lotérica enquanto esfrega mais uma raspadinha, ou aplica uma dose de cocaína. Para encontrar Deus, é preciso tirar as vendas dos olhos e procurar enxergar que outra vida o espera: a vida de quem está acordado.

É preciso procurar sua vocação pessoal em outro lugar por meio da oração e da invocação.

Ver é mais do que olhar. Todos olham, poucos veem.

✓ Resumindo

Por que parar de reclamar?
Porque as reclamações nos impedem de encontrar uma solução; elas nos fazem gastar energia, geram

um estado mental negativo e influenciam as relações interpessoais.

Por que reclamamos?
Porque estamos acostumados com isso, porque estamos insatisfeitos com a nossa vida e porque é um método eficaz para manipular os outros.

Existe toda uma cultura que reforça esse vício. Talvez até mesmo nossos pais tenham nos ensinado a lamentar-nos ao praticarem isso com frequência.

Todo mundo reclama?
Não. Há uma porcentagem de pessoas que, mesmo tendo muitas razões para se lamentar, decide enfrentar as dificuldades desenvolvendo competências emocionais e técnicas e, portanto, capacidades para resolver problemas.

As pessoas percebem que são vítimas desse hábito?
Nem todas. Às vezes é tão habitual que não se percebe a paralisia egocêntrica de que se é vítima. Alguém poderia até dizer: "O que posso fazer? Sou assim mesmo!".

As reclamações danificam o cérebro?
Pesquisas científicas recentes, realizadas inclusive na Universidade de Stanford, demonstraram que ouvir ou produzir conteúdo de "negatividade" por mais de trinta minutos por dia prejudica o nosso cérebro. Aqueles que, em vez de reclamar, escolhem transformar as chamadas "crises" em oportunidades são, de fato, os mais beneficiados, verdadeiros arquitetos das redes neuronais que melhoram a funcionalidade do cérebro.

É sempre errado reclamar?
Pode haver momentos de dificuldade, de dor, que levem a pessoa a falar mais alto e até a sentir raiva: nesse caso, não falamos de lamentação, mas de uma reação a algo que nos fez mal. Podemos defini-lo como um desabafo momentâneo, que caminhará para uma solução.

2

A CRISE E A NOSSA RESPOSTA: QUERER É PODER

Os condicionamentos da nossa sociedade

Usando um pouco de ironia, eu arriscaria dizer que o esporte mais praticado no meu país – a Itália – não é o futebol, mas a lamentação. A porcentagem de graduados em "lamentologia" é alta, e existem até doutores com nota máxima nessa matéria. Isso não é bom para o desenvolvimento de nossas comunidades. Muitas vezes, aqueles que reclamam contribuem ativamente para alimentar o clima de negatividade que invade o país.

Mas como pode uma sociedade crescer, se as pessoas foram acostumadas a gastar seu tempo com queixas?

A crise e nossa resposta atual

"Crise"! Há vários anos, só ouvimos essa palavra, utilizada como uma espécie de mantra. Mas, se soubéssemos como a crise realmente teve origem, teríamos mais consciência e meios para lidar com ela. Há homens (de poder) que trabalham contra outros homens (adormecidos) para dominá-los e fazê-los reféns do sistema.

É claro que existem aqueles que encontram na crise a oportunidade para fazer prosperar os seus interesses e outros que, ao contrário, se arriscam a morrer de fome. O que mais irrita é ver a resignação quase geral, também resultado de decepções surgidas após as ilusões daqueles que prometeram e não cumpriram.

O crescimento dá lugar ao desânimo e, nesse estágio, a credibilidade, a confiança e o desejo de fazer o bem diminuem.

Temos visto um "teatro de horrores" ao longo dos anos, em todos os níveis. Alguns o chamam de "teatro da política", não só na política, mas em tantos outros setores onde temos visto de tudo.

Poucos assumem a **responsabilidade** pelo que fazem e, em alguns casos, ninguém resolve os problemas. É muito raro ouvir alguém dizer: "Desculpe, cometi um erro e estou disposto a resolver o problema". Todo mundo procura pretextos para culpar os outros e, talvez, lamentar-se.

O que significa responsabilidade?

Responsabilidade significa responder com habilidade aos desafios da vida. Para assumir a "respons--habilidade", é preciso ter as habilidades tanto técnicas quanto comportamentais.

Se uma pessoa não possui os **3Cs** da competência, é provável que evite assumir responsabilidades.

Muitas vezes nos encontramos diante de incapacidades que se tornam irresponsabilidades. Todos se declaram inocentes na hora dos desastres e a culpa nunca é de ninguém. Este é o risco: ensinar aos jovens que se pode fazer de tudo, sem nem mesmo pedir desculpas e, portanto, sem resolver o problema.

Mas por que tudo isso acontece? Porque sabemos muito bem que a política é subordinada às finanças. Quem tem dinheiro domina as riquezas e os cargos de poder, esquecendo o aspecto humano.

A lógica capitalista levou a uma busca de prazer sem limites, que arrasta toda a sociedade para uma escravidão destrutiva. Uma lógica "dinheirocêntrica", egoísta e paradoxal, na qual se rejeita o bem comum e também o próprio bem. Deficiências comportamentais que se tornam lógicas destrutivas de massa.

É verdade que existem pessoas que acumulam dinheiro à custa dos outros, mas muitas vezes o jogo vira: o que você extorquir lhe será extorquido.

Essa é uma lógica perversa que vejo também em alguns dos meus pacientes, que não pretendem se recuperar porque não querem renunciar ao prazer que sentem no próprio mal.

Assistimos a uma proliferação de bens produzidos para a população consumir por consumir, para ter a simples sensação de possuir, e no final nos sentimos iludidos e enganados.

Queremos tudo de imediato, sem o desejo de conquista do próprio espaço, da própria competência, das próprias coisas. Corpos invadidos por prazeres sem limites (toxicodependência, bulimia, anorexia, depressão, vícios patológicos).

É por isso que é proibido lamentar-se, exatamente para quebrar esse círculo vicioso que, basicamente, nos faz perceber que, muitas vezes, nós somos os arquitetos do nosso próprio mal.

Quem criou a crise?

A verdadeira crise é de valores e de competências. É justamente a crise de valores que nos levou à crise econômica, porque os comportamentos imorais determinaram um verdadeiro choque financeiro. Se não mudarmos a abordagem mental das coisas, a crise continuará.

A crise foi criada por nós, seres humanos, e enquanto não colocarmos a meritocracia e os valores saudáveis em primeiro lugar, a crise continuará. Afinal, aqueles que não têm as competências para lidar com certas tarefas só podem culpar os outros e lamentar-se, criando um círculo vicioso. Somente as pessoas competentes podem assumir a responsabilidade pelos seus atos. Durante anos, milhares de exemplos negativos causaram danos enormes; agora, é necessário colocar a meritocracia no centro. Mas isso não é nada fácil.

Crescemos com a ideia de que bajular o próximo é normal e que, se pudermos passar em um exame ou concurso sem ter as competências necessárias – mas porque temos as "amizades certas" – seremos os melhores.

Desta maneira o número de incompetentes aumenta, para o prejuízo de todos.

O fato de as coisas serem assim não significa que devam acontecer dessa maneira. Apenas que, quando se trata de arregaçar as mangas e começar a mudar, existe um preço a pagar, e é então que a maioria prefere lamentar-se ao invés de agir.

Giovanni Falcone

Temos que mudar de atitude!

Chegou a hora de mover as energias das lamentações para as propostas. Pôr em prática os recursos para implementar um novo renascimento que parta das competências e chegue às soluções, dando instrumentos válidos àqueles que se encontram em tempos de dificuldade (econômica, pessoal, social, de saúde...).

Devemos começar a recuperar a confiança, olhando nos olhos uns dos outros e dando um novo sentido à aventura da vida, com valores éticos, aumentando as competências e reforçando a esperança para o futuro. Um futuro aberto a possibilidades, e não ameaçador.

Precisamos de exemplos fidedignos que, com sua experiência de vida, possam se tornar modelos válidos para incentivar um caminho de crescimento.

Amar a vida, abraçar as oportunidades, compreender que as lições diárias estão naquilo que acontece conosco, ajudar os que estão em dificuldades.

Isso é o que podemos e devemos fazer todos juntos, para evitar que o lamento se torne a lição do dia e que o clima de pessimismo aumente em nossa sociedade.

Cada um deve fazer a sua parte, formando-se para ser um homem ou uma mulher que sabe como lidar com os acontecimentos da vida. E, para isso, deve-se dar os passos fundamentais, tanto na educação quanto na vida concreta. É necessário treinar os músculos emocionais e empenhar-se para atingir suas metas. O desejo de conquista deve ser adquirido desde a infância.

Crescer interiormente significa tornar-se experiente na área que escolhemos. *Não importa o que você faz, mas como você faz.* Mesmo o trabalhador mais humilde, se fizer bem o seu trabalho, contribui muito para a comunidade.

A primeira coisa a fazer é realmente permitir que as pessoas adquiram competências por meio do esforço, que ocupem o lugar que merecem.

O próximo passo é incutir na consciência, desde cedo, a lógica do bem comum. Ou seja, pensar em termos de coexistência, de coletividade como bem primário e único objetivo para todos (administradores e cidadãos comuns). Preservar a beleza como um antídoto para o mal.

Enquanto não formos capazes de assumir esses dois posicionamentos (*meritocracia* e *coexistência*), não haverá evolução e, portanto, o crescimento interior ficará bloqueado diante de mais um objeto metálico que marcará o tempo de uma evolução tecnológica, mas não psicológica.

O ser humano é parte de um todo chamado Universo. Ele vive seus pensamentos e seus sentimentos como algo separado do resto, uma espécie de ilusão óptica da consciência. Essa ilusão é como uma prisão. Nossa missão deve ser libertar a nós mesmos dessa prisão, ampliando nosso círculo de conhecimento e compreensão, até incluir todas as criaturas vivas e toda a natureza na sua beleza.

Albert Einstein

Querer é poder!

Na minha profissão, muitas vezes, trabalho com organizações de vários tipos: desde forças policiais até empresas, passando por escolas e instituições públicas.

Mas o ambiente em que encontro maior dificuldade para fazer uma mudança de perspectiva é entre os funcionários públicos. Muitos deles estão cristalizados pelo sistema e não respondem mais às demandas de mudança. Às vezes é difícil passar os conceitos de eficiência e eficácia, porque há um jogo contínuo de acusações entre um departamento e outro. Desculpas e mais desculpas para não fazer – ou fazer mal – aquilo para o qual são pagos. A lógica da estabilidade e das recomendações tirou a motivação desses trabalhadores. Paradoxalmente, eles olham feio quando falamos sobre seu crescimento pessoal, como se estivéssemos dizendo algum tipo de absurdo.

No entanto, todos nós devemos começar a mudar nossa mente, fazer uma revolução cultural, porque o sistema, como está, não se sustenta mais. Basta analisar os resultados para percebermos que temos de recuperar um sentido institucional; caso contrário, todos nós perderemos, incluindo os jovens.

Querer é poder! A Itália é o país que, em um dia, promulgou a lei que proíbe fumar em lugares públicos: a mais respeitada da Europa, em seu gênero. O mecanismo que permitiu isso foi o controle social; aquele das próprias pessoas que ficam em bares e restaurantes. Para implementar as reformas, não basta que alguém diga que não se deve mais fumar. É necessário passar o princípio: "Fumar é uma coisa ruim". Quando a lei é socialmente aceita e considerada justa, as pessoas se mobilizam para que ela seja respeitada.

Agora, o princípio da meritocracia deve ser assimilado. Isso deve tornar-se um "sentimento comum", que permita que os jovens entendam que haverá espaço para eles, se eles se esforçarem, estudarem, derem o melhor de si mesmos.

Só assim uma sociedade pode progredir e avançar rumo ao crescimento dos homens e mulheres empenhados em um mesmo esporte chamado vida, em que todos podem se tornar campeões.

Para se tornar campeão, não basta o talento; é necessário adaptar-se a um ensino mais rigoroso e fazer muito esforço. Esta é a mensagem que se deve passar.

A sociedade precisa guiar-se por princípios como: "É feio pagar o mesmo salário para uma pessoa que não faz nada e para outra que se dedica ao trabalho"...

É péssimo que alguém incompetente ocupe um cargo importante. Precisamos de uma revolução cultural que dê mais valor à vida e que nos permita projetar o ser humano para dimensões mais avançadas.

A crise é útil

Um bom jardineiro sabe que, em tempos de crise, é necessário investir em sementes e formação. Exatamente nessas horas é preciso potencializar a sua empresa ou a si mesmo, porque você tem que estar pronto quando a crise passar. Nesse caso, aqueles que investem em potencialização colherão os frutos.

Na minha vida, houve momentos sombrios do ponto de vista econômico, e foi nesses momentos que me esforcei ainda mais no que estava fazendo, estudei mais e pensei em como poderia usar esse tempo para me tornar melhor...

Hoje, posso dizer com sinceridade que foram exatamente aquelas dificuldades que me permitiram crescer internamente. Eu até poderia falar de azar e usar tudo para lamentar-me. Em vez disso, escolhi o caminho mais difícil: optei por crescer!

Escrevo isso para que você entenda que um ser humano não pode pensar de uma maneira mais profunda do que seu vocabulário permite. Essa é uma das razões pelas quais as palavras que aprendemos e, principalmente, que usamos, afetam em grande parte o nosso pensamento e, portanto, nossas ações. A psicologia mostra isso, e a experiência o confirma: se quisermos modificar nosso estado de espírito, precisamos modificar a nossa linguagem.

Aplicamos esse conceito à palavra "crise". Quantas vezes já a ouvimos e quantas vezes já a pronunciamos nos últimos doze meses? Provavelmente o seu uso está no *Guinness Book* dos primatas. Não é de se admirar que, sozinhos ou não, andamos por aí com os ombros encurvados e de cabeça baixa.

Com essa atitude, certamente não encontraremos as soluções adequadas para melhorar a nossa vida.

Sem dúvida, uma mudança na percepção da palavra "crise" poderia nos ajudar a mudar não apenas o nosso estado de espírito, mas também a nossa situação econômica. Vamos começar analisando como esse vocábulo, no Oriente, é formado por dois ideogramas: "perigo" e "oportunidade".

CRISE

危 机

PERIGO   OPORTUNIDADE

Toda crise (crise da adolescência, crise familiar, crise religiosa, crise econômica, crise de valores etc.) carrega dentro de si um ou mais perigos, mas também grandes oportunidades. Sem perturbar mais os orientais, pensemos na etimologia da palavra crise: do latim *crisis*, proveniente do grego *krísis*, por sua vez derivado de *kríno*, ou seja, "eu julgo"; *kríno* é equivalente ao verbo latino *cernere*, que significa escolher, avaliar. Se o verbo *cernere* é pouco utilizado hoje em dia, dos seus componentes se derivam palavras muito usadas como "decernere" = decidir; "excernere" = avaliar; "discernere" = discernir.

Com isso, deduzimos que a crise é nossa aliada e amiga, porque nos permite julgar o que era certo e o que era errado naquilo que fizemos, ver as coisas claramente como elas são, considerar as várias oportunidades e vislumbrar quais são as correções a fazer (em vez de lamentar-se).

Você acha esse meu pensamento simplista demais e difícil de acreditar? Ouça, então, o que disse – no longínquo ano de 1955 – Albert Einstein:

> Não esperemos que as coisas mudem, se sempre fizermos a mesma coisa. A crise é a melhor bênção que pode atingir pessoas e países, porque a crise traz progresso. A criatividade surge das dificuldades, da mesma forma que o dia nasce da noite escura. Invenções, descobertas e grandes estratégias nascem da crise. Quem supera a crise supera a si mesmo sem ser superado. Quem atribui à crise seus fracassos e dificuldades inibe o próprio talento e tem mais respeito pelos problemas do que pelas soluções. A verdadeira crise é a crise da incompetência. O que convém às pessoas e aos países é encontrar soluções e saídas.

Sem crise não há desafios e, sem desafios, a vida é uma rotina, uma lenta agonia. Sem crise não há méritos. É da crise que emerge o melhor de cada um, visto que da necessidade nasce a criatividade, e a função reforça o órgão (nesse caso, o cérebro).

De uma vez por todas, vamos acabar com a única crise que realmente nos ameaça, que é a tragédia de não querermos encontrar as melhores estratégias para superá-la. E lembre-se: a qualidade não conhece a crise. Os melhores continuam a trabalhar. Você conhece algum bom médico, um bom engenheiro hidráulico ou um bom pedreiro que conheça a crise no seu setor de trabalho? Eu não!

Pelo contrário, quem é incompetente conhece bem a crise e talvez não faça nada para melhorar.

Melhorar é possível

Devemos investir no crescimento humano; ensinar nas escolas a inteligência da vida; abrir o coração das crianças à alegria; fazê-las cantar e dançar; falar sobre as emoções, ensinando a vivê-las e, principalmente, a expressá-las. Isso poderá garantir o despertar. Mas, se os adultos continuarem a trabalhar pensando apenas em consumir, nenhum crescimento será humanamente possível.

Alguns anos atrás, lancei uma proposta: dedicar um ano a mais do Ensino Médio para a inteligência da vida, ou seja, para uma formação comportamental específica. Ensinar, por meio de exercícios práticos, comunicação, emoções, gestão do estresse, filosofias de vida, botânica, dança, canto, alimentação, respiração, autoestima, motivação, talento e, portanto, orientação. Depois, uma vez por semana, convidar os pais para fazer uma partilha com o filhos, os professores e os avós.

A escola poderia se tornar vital na educação: com conteúdo cognitivo e relações afetivas, ideias e valores, conceitos e expressões. Promover encontros com professores que amam o saber e que orientam os alunos a acender esse fogo dentro de suas próprias vidas.

Plantar sementes que se tornam árvores exuberantes; cada árvore com sua singularidade, sabendo que toda semente precisa do húmus certo para germinar. Para ser feliz, cada semente deve se tornar um enorme carvalho.

Ser capaz de manter vivo o conhecimento, fazendo surgir nas crianças um amor pela cultura da vida, que é o mais poderoso antídoto para as drogas e a desorientação na vida.

Aqui, neste caso, se concretiza a imagem de uma instituição: a escola, feita de professores que, com sua paixão, podem inflamar o fogo dentro dos jovens.

Para isso, precisamos de professores que amem o saber e, ao transmiti-lo, instiguem nos alunos o desejo de uma jornada pessoal, para que estes encontrem sua própria vocação.

Papa Francisco: reclamar faz mal ao coração

Para reforçar esta mensagem, recordamos as palavras proferidas pelo Papa ao comentar o episódio dos discípulos de Emaús, durante a missa celebrada na Casa Santa Marta, na Oitava da Páscoa, em abril de 2013.

Naquela ocasião, o Papa falou sobre os dois discípulos de Emaús, que deixaram Jerusalém após a morte do Mestre. Todos os discípulos estavam com medo.

Ao longo do caminho, eles continuavam falando sobre os acontecimentos que tinham vivido e "se lamentavam". Aliás, não paravam de reclamar, disse o Papa, "quanto mais se lamentavam, mais se fechavam em si mesmos: não tinham horizontes, apenas uma parede diante de si". Depois de tanta esperança, experimentavam o fracasso de tudo em que tinham acreditado: "E cozinhavam – por assim dizer – suas vidas no molho de suas lamentações, e andavam adiante assim, lamentando-se mais e mais. Penso muitas vezes que nós", acrescentou o Papa, "quando acontecem coisas difíceis, até mesmo quando a Cruz nos visita, corremos esse perigo de nos fecharmos em lamentações. E, até mesmo nesses momentos, o Senhor está perto de nós, mas não o reconhecemos. Ele caminha conosco. Mas não o reconhecemos. Ele nos fala, e não escutamos", continuou ele, "ouvimos coisas boas, dentro de nós, mas no fundo ainda temos medo: o lamento parece mais seguro! É uma forma de segurança: esta é a minha verdade, o fracasso. Não há mais esperança".

"É bonito", destacou o Papa, "ver a paciência de Jesus com os dois discípulos de Emaús: primeiro os escuta, em seguida, explica-lhes lentamente, lentamente... E então, por fim, deixa-se ver; como fez com Madalena, no sepulcro. Jesus age assim conosco. Mesmo nos momentos mais difíceis: Ele está sempre conosco, caminha conosco e, no final, nos faz ver a Sua presença".

O Papa Francisco destacou um elemento: "As lamentações são algo negativo, não apenas contra os outros, mas também contra nós mesmos, quando tudo nos parece amargo. São negativas", disse ele, "porque elas tiram a nossa esperança. Não vamos entrar neste jogo de viver de lamentos", recomendou o Papa, "mas, se alguma coisa não vai bem, é melhor refugiar-se no Senhor, confiar Nele: não alimentar-se de lamentações, porque elas roubam a nossa esperança, tiram o horizonte e nos cercam como se estivéssemos entre quatro paredes. E de lá não podemos sair. Mas o Senhor tem paciência e sabe como nos tirar dessa situação, assim como aconteceu com os discípulos de Emaús, que o reconheceram quando ele partiu o pão. Tenhamos confiança no Senhor. Ele sempre nos acompanha pelo caminho. Até nas horas mais sombrias, temos a certeza de que o Senhor jamais nos abandona: Ele está sempre conosco, mesmo nos momentos mais difíceis. E não vamos procurar refúgio nas lamentações: elas fazem mal a nós e ao nosso coração" (fonte: Rádio Vaticano).

O Papa convida também a não julgar

Em 2013, criei o cartaz É Proibido Reclamar e, em 2014, É Proibido Julgar. Foi uma estranha coincidência. Poucos meses depois da publicação do meu primeiro cartaz, ouvi o Papa falando sobre as lamentações, que fazem mal ao coração. Em 2014, o mesmo aconteceu com os julgamentos.

"Quem julga um irmão está errado e acabará sendo julgado da mesma maneira. Deus é o único juiz, e quem é julgado poderá sempre contar com a defesa de Jesus, seu primeiro defensor, e com o Espírito Santo", disse ele na homilia da missa da manhã, celebrada na Casa Santa Marta, em 20 de junho daquele ano.

Antes de julgar os outros, devemos nos olhar no espelho. É o convite do Papa Francisco.

Inspirado nas leituras do dia, o papa advertiu: "Olhe-se no espelho, mas não para se maquiar de modo que não veja as rugas. Não, não é esse o conselho! Olhe no espelho para ver a si mesmo, tal como você é. Por que você olha o cisco que está no olho do seu irmão e não nota a trave que está no seu olho?".

"Se queremos caminhar no caminho de Jesus", continuou o papa, "mais que acusadores, devemos ser defensores dos outros diante do Pai. Se vejo alguma coisa errada no outro, vou defendê-lo...".

"Ore por ele, mas não o julgue! Porque, se você fizer isso, quando for a sua vez de fazer algo ruim, você será julgado. Vamos lembrar disso; fará bem em nossa vida de todos os dias" (Fonte: Rádio vaticano).

> **É PROIBIDO JULGAR**
> Lei nº 2 de proteção da saúde e do bem-estar
>
> Os transgressores estão sujeitos a síndrome de perseguição e julgamentos crônicos, com a consequente perda do bom humor.
>
> O valor da multa será duplicado quando o delito for cometido na presença de crianças ou criticá-las severamente.
>
> **Pare de julgar e, em vez de falar mal dos outros, pense em melhorar sua vida.**
>
> *Salvo Noè*

✓ Resumindo

A sociedade influencia nosso comportamento?
Com certeza! Nós nos tornamos aquilo que vivenciamos.

Qual é a nossa resposta à crise atual?
O crescimento deu lugar ao desânimo e, nesse estágio, a credibilidade, a confiança e o desejo de fazer o bem diminuíram muito. Nesse caso, a crise é percebida como uma condenação, não como uma oportunidade de nos tornar melhores.

A crise é criada por quem?
A verdadeira crise é de valores e competências. Foi precisamente a crise de valores que nos levou à crise econômica, porque os comportamentos imorais determinaram o verdadeiro choque financeiro. Se não mu-

darmos nossa forma mental de abordar as coisas, a crise continuará.

Temos que mudar de atitude!
Chegou a hora de mover as energias do lamento para as propostas. De pôr em prática os recursos para implementar um novo renascimento, que comece a partir das competências e chegue às soluções.

A crise é útil?
Sim, se lhe dermos o significado correto. É importante aprender a lição que ela quer nos dar, ou seja, não repetir os erros do passado.

SEGUNDA PARTE

PROPOSTAS TEÓRICAS E EXEMPLOS CONCRETOS

3
ANÁLISE TRANSACIONAL

O mundo está cheio de transações

> O mundo inteiro é um palco, e todos – homens e mulheres – são apenas atores. Todos têm suas entradas e suas saídas; cada um, em sua vida, representa diversos papéis.
>
> William Shakespeare

Eric Berne foi um psicólogo canadense (Montreal, 1910-1970). Seu grande mérito foi ter criado um sistema de psicologia altamente simplificado, que pode ser ensinado a todas as pessoas. Sua linha psicológica é chamada de "Análise Transacional", devido ao fato de que ele estava interessado nos mecanismos pelos quais os indivíduos interagem uns com os outros; mecanismos por ele definidos como "transações". Por "transação" entende-se, portanto, qualquer troca que ocorre entre duas ou mais pessoas: um diálogo é uma série de transações, assim como uma troca de gestos de afeto.

A análise transacional leva em conta essas transações, com particular atenção às verbais, e, a partir delas, coleta informações nas quais podemos nos basear para uma possível terapia (ou autoterapia), visando eliminar os elementos que podem ser perturbadores na vida psíquica ou emocional de um indivíduo.

Nossa história

A maneira como decodificamos a realidade passa por "transações".

Nossa história tem sido influenciada por uma série de acontecimentos que formaram o nosso caráter. Já na primeira infância, somos condicionados por avaliações que os outros fizeram de nós (nos consideravam "vencedores" ou "perdedores"). Além disso, também somos permeados por solicitações positivas ou negativas que constituem a nossa primeira experiência de vida, a partir das mensagens dos pais, que satisfizeram ou não as nossas necessidades. Por volta dos 6 anos, tomamos decisões sobre o nosso valor, o valor dos outros e sobre a vida em geral, dando a tudo isso um significado muito preciso e escolhendo o papel que iríamos desempenhar no palco da nossa vida presente e futura.

O comportamento, portanto, depende do conjunto das influências, das transações e das experiências que cada um de nós catalogou desde o nascimento.

Uma boa parte das ações que realizamos é, portanto, automática, mesmo se pensarmos em realizá-las com total consciência e com a maior autodeterminação. As ações automáticas estão relacionadas aos hábitos, e os hábitos tornam-se nosso caráter. Assim, o caráter de uma pessoa é reforçado pelos hábitos. Lamentar-se é também uma maneira habitual de lidar com problemas.

A seguir, faremos uma análise de alguns comportamentos automáticos, das razões que os estabeleceram e dos motivos que os colocam em ação.

Vejamos, pois, as "quatro posições existenciais", os "três papéis fundamentais" que o ser humano pode desempenhar no grande palco da vida, e os "jogos psicológicos" em que ele atua para conseguir o que quer ou simplesmente para sobreviver.

Uma leitura atenta e uma análise honesta do seu modo de agir podem ajudar a atingir um maior nível de consciência e, se você desejar, uma melhor qualidade de vida.

> Os instrumentos da mente se tornam algemas quando o ambiente que os tornou necessários deixa de existir.
>
> Henri Bergson

As posições existenciais

As crianças pequenas são particularmente sensíveis a todo tipo de influência. O toque, nas primeiras seis semanas de vida, e depois, em menor grau, representa um elemento muito importante para gerar nas crianças uma atitude de segurança e confiança. Eles logo aprendem a reconhecer as expressões faciais e a responder a elas pelo toque e pelo som. Mais tarde, com a educação, as crianças são, por assim dizer, "programadas" e perdem em parte sua espontaneidade.

Uma criança que tem carinho e com quem se fala suavemente recebe mensagens muito diferentes daquela que é ignorada ou maltratada.

Uma criança que recebe pouca atenção pode, por exemplo, chegar à conclusão de que ela não é importante. Isso determinará nela a sensação de ser "não OK".

As posições existenciais descrevem como uma pessoa vê a si mesma e aos outros e, consequentemente, influenciam a maneira como cada indivíduo pensa, age e se relaciona com o outro. O relacionamento tem dois polos: o indivíduo e o outro, que pode ser tanto uma pessoa como uma situação, e cada um desses dois polos pode ser vivido como positivo ou negativo.

Desta forma, teremos:

1. Eu não estou OK, os outros estão OK.
2. Eu estou OK, os outros não estão OK.
3. Eu não estou OK, os outros não estão OK.
4. Eu estou OK, os outros estão OK.

A criança, portanto, decidirá assumir uma posição que será predominante em seu caráter, enquanto os outros, embora coexistindo, terão um peso menor.

Deve-se notar que a atitude universal na primeira infância é a de "eu não estou OK, os outros estão OK". Isso acontece porque a criança, por causa de sua condição de dependência, se considera inevitavelmente inferior às figuras adultas que a rodeiam. Crescendo e observando aqueles que cuidam dela, poderá mudar a sua posição, ou não.

Agora vamos ver como uma pessoa reage quando assume uma das posições existenciais:

1. Eu não estou OK, os outros estão OK.

Posição depressiva: caracteriza-se pela desvalorização de si mesmo e pela supervalorização do outro: *"É tudo culpa minha, os outros são melhores do que eu!"*

Pressupõe uma dependência do outro, que é considerado mais forte e mais poderoso. A pessoa nessa posição sente-se impotente perante os outros, inadequada e incapaz de enfrentar a situação.

Aos poucos, o indivíduo se retira do relacionamento com os outros, cai na depressão, e acredita que a sua vida não vale muito. Neste caso, a atitude relativa à escuta é complacente.

Eis as principais características daquele que está nesta situação:

- Baixa autoestima.
- Olhar mais para os interesses dos outros do que para os seus.
- "Minha vida não vale tanto quanto a sua."

- Atitude de vitimismo e de derrota.
- Sentir-se desconfortável quando recebe elogios.
- A desconfiança dos outros é considerada merecida.
- Sentir-se desconfortável na sociedade e se preocupar com o que os outros pensam.
- Ser depressivo, ansioso, autocrítico, submisso, cheio de desculpas, solitário.

2. Eu estou OK, os outros não estão OK.

Posição paranoide: caracteriza-se pela constante desvalorização do outro e pela supervalorização de si mesmo: *"É tudo culpa sua"*.

É a posição daquele que se sente vitimado ou perseguido e, por isso, se faz de vítima e persegue os outros.

A pessoa se relaciona por meio do domínio e da exibição pessoal, com um comportamento agressivo, refutatório e acusatório.

Muitas vezes a pessoa que se encontra nessa situação se sente traída, odeia e culpa os outros pelos próprios infortúnios, negando que tenha um problema pessoal. A atitude em relação à escuta é hipercrítica, com o objetivo de descobrir a falha no raciocínio do outro, de modo a poder impor sua maneira de ver as coisas e dizer: *"Viu como é do jeito que falei?"*.

Eis as principais características daqueles que estão nesta situação:

- Amor exagerado por si mesmo.
- "Eu tenho todos os direitos; você nenhum."

- Exigente, arrogante, hipercrítico.
- Invasivo, prepotente, teimoso.
- Julga tudo como bom/mau, mal/bem (dicotômico).
- Competitivo, impaciente.
- Autoritário.
- Ameaçador, combativo, briguento.

3. Eu não estou OK, os outros não estão OK.

Posição de inutilidade: pressupõe uma desvalorização de si mesmo e dos outros: *"Não se pode fazer nada"*. Representa a esfera da resignação e da depressão. Essa pessoa não tem qualquer interesse pela vida; é do tipo que está sempre se lamentando. Essa é a posição assumida por aqueles que não tiveram carinho e atenção nos primeiros meses de vida, pelo contrário, receberam reprimendas e maus-tratos.

Os indivíduos que assumem essa atitude desistem e para eles *não há esperança*. Geralmente são percebidos como desinteressados com os outros, fechados, negativos e pessimistas. Esse comportamento não leva a lugar nenhum e termina em frustração, raiva e desânimo. Eles costumam dizer: *"Eu não posso fazer nada."*

Eis as principais características daqueles que estão nesta posição:

- Baixa autoestima.
- "Eu não tenho direitos, e você também não."
- "Eu não valho nada, e você também não."
- Desejo de vingança.

- Não existe saída.
- Senso de inutilidade: *"Quem mandou você fazer isso?"*
- Não assume iniciativas, apenas cria problemas e dificuldades.
- Indiferente e apático; resignado com a infelicidade.
- Tristeza, decepção crônica.
- Vegeta, não vive.
- Sempre culpa os outros.
- Formado em "lamentologia" com nota máxima.

4. Eu estou OK, os outros também estão OK.

Posição saudável: é a pessoa que gosta de si mesma e que aceita os outros como são. É a posição mais funcional, porque a pessoa está sempre disposta a melhorar na vida, e, quando há um problema, depois de analisá-lo com cuidado, procura e encontra a solução. Detesta lamentar-se e sempre usa palavras proativas. Tem uma atitude realista, positiva, concreta em relação à vida. Não descarrega sobre os outros sua responsabilidade, pelo contrário, não se culpa pelo que não correu bem. Quem está nessa posição se sente igual na diferença: *"Eu estou OK como você, mesmo sendo diferente de você, que também está OK"*.

Sua atitude é de escuta autêntica; acaba compreendendo o ponto de vista do outro e integra nesse aspecto mais abordagens diferentes, necessárias à busca comum de uma solução.

Eis as principais características daqueles que estão nesta posição:

- Amor-próprio.
- Assertivo.
- Não julga.
- Aceita os outros.
- Expectativas realistas de si mesmo e dos outros.
- Confiante.
- Ouve, com participação.
- Flexível.
- Comunicação aberta, direta e clara, pronta para o diálogo.
- Compreensivo, tolerante, otimista.
- Disponível.
- Sente alegria muitas vezes.
- Resolve problemas de uma maneira vencedora.

Deve-se notar que, enquanto as três primeiras posições são adquiridas na primeira infância e em nível inconsciente (com base nas experiências vividas), a quarta pode ser adquirida também na idade adulta, por meio de uma decisão consciente.

Essas posições podem nunca aparecer em estado puro, e cada pessoa, de modo percentual, tende a colocar-se em pelo menos três delas. Isso depende muito do contexto. Posso estar na primeira posição em casa, com meus pais e, ao contrário, na última posição com os amigos.

De fato, até uma pessoa "Eu estou OK, você está OK" provavelmente não será perfeita, ou 100%. Se pudéssemos observá-la ao longo de sua vida, perceberíamos que, em alguns casos, ela assumiria uma atitude de ligeira superioridade ("Eu estou OK, você não está

OK") ou de inferioridade ("Eu não estou OK, você está OK"). No entanto, será difícil para ela chegar à posição "Eu não estou OK, você não está OK".

As posições existenciais e o comportamento

A posição existencial leva a pessoa a uma série de atitudes e comportamentos, cuja consciência pode ser extremamente útil para compreender como ela se situa em relação a si mesma, aos outros e à vida em geral. A pessoa em uma posição de "Eu estou OK, você está OK" será sempre capaz de garantir estima e confiança. Ela irá considerar cada indivíduo, avaliando as qualidades e defeitos, procurando compreender em vez de julgar, até mesmo os comportamentos estranhos. Aquele que está na posição "Eu estou OK, você não está OK" é claramente desconfiado e vai tentar de todas as maneiras desqualificar qualquer conselho ou sugestão que venha dos outros. O que ele busca, em última análise, é validar sua posição existencial na tentativa de desvalorizar o próximo.

Ao contrário do que possa parecer, a pessoa na posição existencial "Eu não estou OK, você está OK" não é nada fácil de se lidar. A princípio, ela se apresentará a você com uma atitude de absoluta incompetência e submissão. Não se deixe enganar: um conhecimento mais profundo vai provar que qualquer colaboração solicitada não será levada em consideração.

A pessoa que ocupa a posição existencial "Eu não estou OK, você não está OK" é certamente a mais difícil de ser tratada. Dificilmente virá sozinha pedir ajuda; na maioria dos casos, virá apenas se for obrigada por aqueles cuja vida ela torna insuportável.

Os três papéis fundamentais

Em relação à posição existencial previamente assumida, cada um interpretará um "papel principal" em quase todas as ocasiões que irá encontrar na vida. Os três papéis fundamentais fazem parte do triângulo dos jogos psicológicos e são: o **P**erseguidor; a **V**ítima; o **S**alvador.

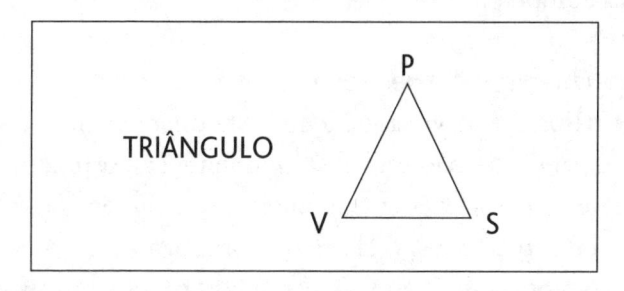

TRIÂNGULO

Esses papéis, se representados legitimamente, não são negativos. Porém, tornam-se negativos quando são usados para manipular os outros. Vejamos alguns exemplos.

Papéis legítimos e produtivos
A **Vítima positiva:** aquele que, por exemplo, está doente, procura alguém para ajudá-lo e está disposto a

fazer as mudanças necessárias na dieta ou no estilo de vida para alcançar um bom estado de saúde. Ele pede ajuda com o desejo de encontrar soluções, colocando nisso todos os seus esforços.

O **Perseguidor positivo**: aquele que define os limites adequados e os aplica. Por exemplo, um pai de família que educa seus filhos com uma autoridade amorosa e compreensiva. Aquele que faz uma crítica construtiva porque quer que você cresça e não para fazer você se sentir "totalmente errado".

O **Salvador positivo**: aquele que ajuda o próximo a viver melhor sem se vangloriar, tirar proveito ou criar laços de gratidão. Responde a um pedido de ajuda com coerência no que diz respeito às suas possibilidades e às suas competências.

Papéis ilegítimos e negativos
A **Vítima negativa**: aquele que está doente, chora e se desespera, mas não está absolutamente disposto a mudar de dieta ou fazer outras coisas que o ajudem a resolver seu problema. É o clássico "resmungão".

No papel da Vítima, o estado do Eu que intervém é o da criança adaptada negativa. É o papel daquele que se adapta mesmo quando a situação não o exige: isso não facilita o bem-estar pessoal e o dos outros. Sua posição existencial é "Eu não estou OK, você está OK". É o caso, por exemplo, de quem não está qualificado para fazer um trabalho, mas afirma que isso é lhe negado por razões de raça, sexo ou religião.

A característica básica da Vítima negativa é que ela não gosta de responsabilidade; em outras palavras, tenta a todo custo encontrar um bode expiatório, alguém para culpar pelos próprios erros.

De que modo a Vítima manipula? A Vítima tende a incutir a sensação de culpa no Perseguidor, porque decidiu que ele é a fonte de seu sofrimento, e procura garantir que o Salvador se mobilize na tentativa de ajudá-la. Inconscientemente, a Vítima procura um Perseguidor ou um Salvador: um Perseguidor com quem finalmente compactuará sentindo-se rejeitada ou diminuída, um Salvador com o qual compactuará, convicta de precisar de sua ajuda para pensar ou para agir. A apoteose negativa é alcançada quando uma Vítima encontra outra Vítima: competem para ver quem tem o maior número de "infortúnios".

Esse é um percurso arcaico, aprendido na época em que as alternativas pareciam muito reduzidas, ou "imitado" das figuras familiares. De qualquer forma, não é o resultado de uma escolha livre e madura. A Vítima explora sua posição enfatizando-a posteriormente para obter, por meio dessa condição, o máximo de atenção, reconhecimento e ajuda dos outros. A pessoa que assume esse papel tende a *reclamar* e a não pedir diretamente. Está constantemente em posição de espera e reivindicação, e fica surpresa e ofendida quando os outros não compreendem as suas necessidades, quando não entendem os seus desejos não expressos.

A Vítima é hipersensível na interpretação dos acontecimentos como conspirações do destino contra ela, ou como injustiças que "todos" fazem contra ela. A partir dessa posição de grande desconforto psicológico, passa-se facilmente ao papel de Perseguidor, atacando e acusando as pessoas e os acontecimentos para colocar ordem em toda essa injustiça.

O **Perseguidor negativo**: aquele que estabelece regras absurdas, ou faz aplicar as já existentes com brutalidade. Ele sempre aponta o dedo e aguarda o momento certo para dizer: "Peguei você!".

É o papel desempenhado por aqueles que atuam predominantemente na condição de pais Perseguidores, ou seja, aqueles que dão normas, regras e limites que aumentam o mal-estar e a dependência. Neste caso, estamos diante de uma posição existencial do tipo "Eu estou OK, você não está OK", já que os pais Perseguidores são geralmente hipercríticos e depreciadores. Um exemplo é a pessoa que estabelece limites de comportamento inutilmente restritivos, ou que, tendo a tarefa de fazer cumprir as regras, faz isso com brutalidade sádica. Assume o poder sobre os outros por meio da força, da ameaça, por meio da agressão e da violência. Os Perseguidores sempre têm uma razão, segundo eles válida, para se tornarem violentos, de modo a poderem punir os outros. Usando intimidação e inquisição, manobram um jogo de manipulação que, em vez de trazer justiça ao mundo, serve para criar uma corte de pessoas submissas dispostas a serem dominadas e instrumentalizadas. A agressividade nem sempre é física; muitas vezes é verbal, moral e psicológica. Sarcasmo, críticas, julgamentos fortes e cortantes e uma atitude de superioridade são as suas armas. O efeito que estas obtêm são confusão e medo, de modo que a Vítima acaba fazendo o que o Perseguidor ordena. Olhando de um ponto de vista externo, podemos notar como o Perseguidor, quando critica ou se torna agressivo, ofende e fere. Quando dois Perseguidores se encontram, eles insultam um ao outro e desencadeiam uma escalada simétrica, até o risco de se praticar a violência física.

O **Salvador negativo**: aquele que oferece sua ajuda sem que ninguém lhe tenha pedido, mas a um preço demasiado elevado, ou se vangloria disso, ou faz com que os outros dependam dele por causa da sua dívida de gratidão.

O Salvador é um papel que atua predominantemente na condição de "pais afetivos negativos", em outras palavras, a parte de nós, aparentemente protetora, mas que, na realidade, não favorece o crescimento e a autonomia do outro. E a posição existencial de quem assume esse papel é "Eu estou OK, você não está OK", porque desvaloriza a capacidade do outro. Um exemplo é a pessoa que, com a desculpa de ajudar os outros, os mantém em estado de dependência. O Salvador finge que nunca precisa de ninguém.

Preocupando-se com as necessidades dos outros, o Salvador na verdade os ajuda nas áreas em que eles teriam condições de resolver as coisas por si mesmos.

Ele vive um mau relacionamento consigo mesmo e tenta superar, com ações meritórias, a sensação de culpa ou a imagem negativa que tem de si mesmo. O "salário" afetivo dessas atividades sociais em excesso não se limita a satisfazer as necessidades internas psicológicas de uma imagem pessoal "nobre", mas tem o efeito adicional de fazê-lo se sentir constantemente em crédito para com os outros e esperar gratidão e reconhecimento na condição de poder.

Esses comportamentos, muitas vezes inconscientes, proporcionam uma forte "nutrição afetiva". Ao representar o papel do Salvador, a pessoa encontra um alívio aparente e momentâneo para sua solidão, gerando a ilusão de viver uma relação afetiva. Isso cria o paradoxo de uma ajuda dada em virtude de sua própria carência, em que a ajuda solicitada pode ser compreendida até mesmo como uma invasão, um desrespeito sufocante.

O Salvador tem um grande medo de ser abandonado, de não ser reconhecido em suas próprias necessidades, e acaba sendo o primeiro a não reconhecê-las; tenta resolver nos outros exatamente o que precisaria resolver em si mesmo. O papel do Salvador permite que a pessoa adquira uma identidade em relação a si mesma e receba o reconhecimento social de que tem uma extrema necessidade. Constrói uma fachada de grandeza, generosidade e altruísmo, para cobrir uma sensação de inadequação, de inutilidade e de vazio. O reconhecimento social, em vez de complementar, torna-se fundamental e essencial. Assim, os outros tornam-se a fonte predominante do bem-estar, da gratificação e do sucesso, constituindo um paradoxo em que o Salvador "depende" dos outros: daqueles que precisam de ajuda e daqueles que reconhecem sua generosidade.

É fácil compreender como o papel do Salvador leva uma pessoa a experimentar o fracasso como um mal-estar próprio, uma derrota pessoal, uma perda de significado de sua pessoa e da sua existência. Tudo isso se torna intolerável e desencadeia um verdadeiro desespero "agressivo".

O medo de não ser valorizado, de não ter o direito de existir, de não ser reconhecido, e justamente por aqueles que teriam o dever de fazê-lo, desencadeia uma raiva focalizada. É assim que o Salvador acaba assumindo o papel do Perseguidor.

Cada um interpreta o seu papel

Quase todas as atividades humanas são programadas por algum "papel psicológico". Onde houver pessoas reunidas, podemos perceber como cada uma tenta interpretar seu "papel". Existem aqueles que se mostram calmos e frios, aqueles que bancam os intelectuais, aqueles que procuram ajuda e aqueles que, ao contrário, a oferecem.

Portanto, cada um de nós, mesmo sem se dar conta, passa os dias desempenhando papéis, como se estivesse no palco de um teatro. É evidente como, de modo geral, aqueles que adotaram um determinado papel escolhem amigos, cônjuges e companheiros, esperando que eles estejam inclinados a desempenhar a função complementar.

Apenas um caminho de consciência pode nos fazer perceber qual é o papel negativo que estamos colocando em prática e como sair dele, porque cada papel sempre é marcado por problemas não resolvidos e dificuldades na vida relacional.

Não somos de fato tão livres como pensamos ser

A partir do exposto, fica claro que a maior parte das nossas ações e de nossos pensamentos não estão livres de condicionamento. Nossa certeza de sermos livres, de fazermos o que queremos e quando queremos é quase sempre uma ilusão.

A maioria de nós, na verdade, carrega condicionamentos, mais ou menos ocultos. O importante é termos consciência disso e transformarmos os condicionamentos limitantes em potencializadores.

Breves exemplos práticos de papéis legítimos e produtivos

Na família:
Filho (no papel de Vítima positiva, dirigindo-se à sua mãe):
"Mãe me ajude, estou fazendo de tudo, mas não consigo resolver esse problema!"
Mãe (no papel de Salvadora positiva):
"Estou pronta para ajudar você, diga-me qual é a sua dificuldade!"
Filho (no papel de Vítima positiva, também dirigindo-se a seu pai):
"Tentei fazer o exercício de matemática várias vezes, prestei atenção na explicação da professora, mas agora não consigo chegar à solução correta."
Mãe (no papel de Perseguidora positiva):

"Sugiro que você preste mais atenção nas primeiras explicações da matéria, talvez você não esteja se concentrando o suficiente."

Pai (no papel de Perseguidor positivo):

"Sim, como diz sua mãe, você tem que prestar mais atenção nas primeiras explicações..."

Filho (no papel de Vítima positiva):

"Ok, vou tentar de novo!"

No trabalho:

Empregador (no papel de Perseguidor positivo, dirigindo-se ao colaborador):

"Tenho notado que nos últimos dias você chegou várias vezes atrasado; aconteceu alguma coisa?"

Colaborador (no papel de Vítima positiva):

"Desculpe-me, mas estou tendo algumas dificuldades com meu filho pequeno; ele chora muito à noite."

Empregador (agora na função de Salvador positivo):

"Que pena, posso ajudá-lo de alguma forma?"

Colaborador (no papel de Vítima positiva):

"Não, obrigado, a partir de agora vou tentar ser pontual."

Empregador (no papel de Salvador positivo):

"Ok, tenho certeza de que você vai conseguir. Se precisar de alguma coisa, por favor, me avise!"

Na amizade:

Michele (no papel de Vítima positiva, dirigindo-se a uma amiga):

"Nos últimos tempos, estou com um monte de problemas, mas vou conseguir administrar, pelo menos vou me esforçar para isso."

Amiga (no papel de Salvadora positiva):
"Se você precisar de ajuda, é só falar; saiba que estou aqui para ajudar."
Michele (no papel de Vítima positiva):
"Sim, preciso de sua ajuda. Você pode me dar uma mãozinha amanhã de manhã?"
Amiga (no papel de Salvadora Positiva):
"Claro; diga o que posso fazer por você..."

No casal:
Esposa (no papel de Perseguidora positiva):
"Sei que você é muito organizado, mas tente ficar mais atento quando for arrumar suas roupas no armário."
Marido (no papel de Vítima positiva):
"Mesmo que eu não leve muito jeito, vou evitar deixar a roupa amarrotada."
Esposa (agora no papel de Perseguidora positiva):
"Se você se esforçar, vai conseguir!"
Marido (no papel de Vítima positiva):
"Vou tentar! Obrigado por confiar em mim!"

Breves exemplos práticos de papéis ilegítimos e negativos

Na família:
Filho (no papel de Perseguidor negativo, irritado, levanta a voz contra a mãe):
"A senhora sabe muito bem que detesto azul... e compra justamente outra camisa azul!"

Mãe (no papel de Vítima negativa):
"Pra você, eu nunca faço nada certo."
Pai (no papel de Salvador negativo da mãe e de Perseguidor negativo do filho):
"Rapaz, nem pense em levantar a voz para sua mãe. Vá para o seu quarto, hoje não tem janta."
Filho (agora assume o papel de Vítima negativa e fica mal-humorado):
"Vocês me dizem para eu ser sincero, mas, quando me permito dizer o que não gosto, me repreendem. Nunca estão satisfeitos."
Mãe (agora se torna Salvadora negativa e secretamente leva comida para seu filho):
"Não conte ao seu pai. É um absurdo fazer tanto barulho só por causa de uma camisa."
Mãe (no papel de Perseguidora negativa, dirigindo-se ao pai):
"Pedro, você é tão duro com seu filho. Aposto que neste momento ele detesta você."
Pai (no papel de Vítima negativa):
"Mas querida, eu só estava tentando ajudar, e você colocou o dedo justo na ferida."
Filho (no papel de Salvador negativo):
"Chega, mãe. Pare com isso; o pai só está cansado."

No trabalho:
Empregador (no papel de Perseguidor negativo, dirigindo-se ao colaborador):
"Você está sempre atrasado, mais cedo ou mais tarde será demitido!"
Colaborador: (no papel de Vítima negativa):

"Que desgraça, todos me perseguem!"

Empregador: (agora no papel de Salvador negativo):
"Desta vez, vou fazer de conta que não foi nada; só estou tentando ajudar você!"

Colaborador: (no papel de Vítima negativa):
"Por que é que tudo acontece comigo?"

Empregador (no papel de Perseguidor negativo, com olhar carrancudo):
"Pare de se fazer de vítima e vá trabalhar!"

Colaborador: (no papel de Perseguidor negativo):
"Um dia desses, ainda peço demissão; aí ele vai ver só!"

Na amizade:

Júlia: (no papel de Vítima negativa, dirigindo-se a uma amiga):
"Só encontro gente atrapalhada..."

Amiga (no papel de Perseguidora negativa):
"Claro, você é muito boba, confia em qualquer um."

Júlia: (no papel de Vítima negativa):
"Até você me maltrata, é o destino mesmo!"

Amiga (no papel de Salvadora negativa):
"Só estava querendo ajudar."

Júlia: (agora no papel de Perseguidora negativa):
"Vá se ferrar você também!"

Amiga (no papel de Vítima negativa):
"Por que você fala assim comigo? Eu também sinto que não tenho sorte."

Júlia: (no papel de Vítima negativa):
"Verdade; somos duas pobres coitadas!"

No casal:

Se pararmos um momento para considerar a experiência de alguns casais que conhecemos, certamente não teremos dificuldade para encontrar uma esposa que reclama constantemente de seu marido, embora não se separe dele (papéis: Vítima-Perseguidor), visto que, se a relação terminasse, já não poderia interpretar os seus papéis preferidos. É como se os dois precisassem reclamar entre si para existir. De fato, o que liga alguns casais é precisamente o conflito que surge da complementaridade dos papéis.

Esposa (no papel de Vítima negativa):
"Estou me sentindo péssima! Não aguento mais ficar com você!"

Marido (no papel de Perseguidor negativo):
"Não tenho culpa por você ser tão estúpida."

Esposa (agora no papel de Vítima-Perseguidora negativa):
"Você sempre me trata mal; estou morrendo por sua culpa!"

Marido (agora no papel de Vítima negativa):
"Minha culpa? Eu é que sou a única vítima desta história!"

Esposa (no papel de Perseguidora negativa):
"Você ainda me paga por tudo o que tem feito."

Exercícios sobre os papéis legítimos ou ilegítimos

Este exercício visa aumentar a sua consciência dos papéis que você representa nos diversos contextos. É uma maneira de tornar prática a leitura do texto. Escrever aciona diretamente os mecanismos de aprendizagem e de mudança.

Analise todos os membros de sua família, incluindo você, e tente compreender que papéis principais vocês representam.

_____
_____
_____
_____

No âmbito profissional, você consegue descrever os papéis que representa?

_____
_____
_____
_____

E nas relações sociais, com os amigos?

_____
_____
_____
_____

Em geral você se sente mais:
- ☐ **Vítima positiva**
- ☐ **Perseguidor positivo**
- ☐ **Salvador positivo**
- ☐ **Vítima negativa**
- ☐ **Perseguidor negativo**

☐ **Salvador negativo**

Se você desempenha papéis positivos, significa que sua maneira de viver a vida o leva a manter relacionamentos eficazes. Se você percebeu que desempenha papéis negativos, agora, com a nova consciência adquirida, você pode transformá-los em positivos.

✓ Resumindo

O que é a Análise Transacional?
Uma teoria psicológica elaborada na década de 1960 pelo psicólogo canadense Eric Berne.

Por que é chamada de Análise Transacional?
Porque analisa as "transações", ou seja, os mecanismos de comunicação por meio dos quais os indivíduos interagem uns com os outros.

O que são as posições existenciais?
As posições existenciais descrevem como uma pessoa vê a si mesma e aos outros e, consequentemente, influenciam a maneira como cada indivíduo pensa, age e entra em relação com o outro.

Existem diferentes tipos de papéis?
Existem três papéis fundamentais que o ser humano pode representar no grande palco da vida: Vítima, Perseguidor e Salvador.

Uma posição existencial é um papel?
Sim, a posição existencial cria um papel que o indivíduo tende a interpretar ao longo de sua vida. Devemos ressaltar é o fato de que, a fim de continuar ao longo do tempo, todas as posições existenciais precisam de pelo menos duas pessoas, cujos papéis se articulam. O Perseguidor, por exemplo, não pode continuar nesse papel sem pelo menos uma Vítima. A Vítima buscará seu Salvador, e este procurará uma Vítima para salvar.

Por que devemos evitar papéis ilegítimos?
Porque o condicionamento para representar os papéis ilegítimos é a causa do fracasso de algumas amizades, matrimônios e relações de trabalho. Na verdade, as pessoas não se reúnem por acaso, mas a fim de encontrar indivíduos aptos a desempenhar um papel complementar ao seu.

4

CONFIE EM SUAS PRÓPRIAS CAPACIDADES E PROCURE MELHORAR

Aprenda com as experiências

Cada um de nós é um aluno na escola da vida, e todos os dias fazemos experiências para aprender a lição. A vida é mestra em "en-sinamentos" [*in-signare*] que deixam em nós seus "sinais" [*signum*]. Procuramos sempre captar o aspecto positivo das coisas. Mesmo aqueles acontecimentos que parecem negativos escondem uma grande oportunidade de crescimento interior.

Antônia trabalha há mais de dez anos em uma empresa têxtil, desenvolve um trabalho repetitivo e não se sente valorizada. Há muitos anos, ela associa seu trabalho na fábrica com a sensação de estar trancada em uma jaula: quer mudar, mas se sente frágil demais para tentar. Antônia finalmente desistiu de mudar de trabalho e, ao longo do dia, muitas vezes reclama para os seus colegas.

José não consegue passar em uma prova escolar e está convencido de que isso é muito acima de suas capacidades. Apesar de faltarem poucas provas para ele se formar na universidade, está pensando seriamente em abandonar o curso.

Ele acha inútil tentar estudar para os exames ou se inspirar nos outros alunos que conseguiram passar. Quando ele encontra seus colegas de curso, é comum ele lamentar-se por sua situação e expressar sua resignação.

Essas duas histórias têm em comum a autovitimização e o consequente abandono *a priori* da busca de uma solução para os problemas. Em ambos os casos, as pessoas vivem passivamente a experiência do trabalho ou do estudo e preferem desabafar sua frustração por meio de lamentações, em vez de se perguntarem que recursos podem usar para superar as dificuldades.

Quando pensamos ser vítimas de situações que estamos vivendo, na verdade estamos atribuindo a causa dos nossos problemas e do nosso desconforto quase exclusivamente a acontecimentos externos. Esses acontecimentos são vistos como inevitáveis, incontroláveis e esmagadores.

A isso se liga uma visão de nós mesmos como incapazes, limitados, frágeis, fracos, cansados, ou até mesmo impossibilitados de enfrentar acontecimentos externos. E surge uma sensação de impotência que pode marcar a nossa experiência de vida.

A lamentação pode gerar nas outras pessoas as mais diferentes reações: aborrecimento e tendência de evitar o reclamão, ou compaixão e pena. Em geral os reclamões acabam ficando sozinhos, pois em longo prazo suas queixas se tornam cansativas até para seus colegas ou amigos.

Outras vezes, aqueles que a reclamação chamam particularmente atenção de pessoas que procuram um substituto para tarefas que não gostam de realizar. Em ambos os casos, a pessoa lamuriosa acabará por se tornar mais fraca e usará o outro como muleta para enfrentar as várias dificuldades da vida. A atenção dada às reclamações fará, além disso, com que a pessoa as repita com maior frequência, acabando por bloquear qualquer ação positiva direcionada para a mudança e para o crescimento.

Respondo a Helena, que me pergunta: *"O que posso fazer para melhorar meu caráter lamentador?"* A lamentação é como uma teia de aranha que tecemos dia após dia, e por fim corremos o risco de ficar presos nela!

A primeira coisa a fazer é ter cuidado para não ter as habituais "recaídas" de vitimismo. Não nascemos lamuriosos, mas nos tornamos assim, quem sabe por imitar as pessoas que nos educaram.

Você pode escolher mudar. Basta ter coragem para mudar seus hábitos.

Reclamação em família

Muitas histórias de família são repletas de histórias engraçadas e até de conflitos gerados pelas queixas.

Muitos pais têm "treinado", isto é, educado seus filhos para reclamarem, porque foram eles que primeiro colocaram em prática essa modalidade, e os filhos agora os imitam.

Aprende-se por imitação.

Num experimento clássico, algumas crianças em idade pré-escolar foram colocadas numa sala com atores adultos que agiam de forma agressiva e violenta contra uma boneca inflável. Em uma segunda sala, as crianças foram colocadas em estado de frustração: tinham brinquedos por perto, mas eram impedidas de brincar. Em uma terceira sala, as crianças eram colocadas diante da boneca que tinham visto ser maltratada pelos adultos: elas começaram a imitar os comportamentos violentos aprendidos por observação, às vezes repetindo os mesmos movimentos e gestos ao bater na boneca.

A imitação é um processo cognitivo e atua em dois níveis, o consciente e o inconsciente. Em seus estudos sobre o desenvolvimento dos recém-nascidos, o psicólogo suíço Jean Piaget já havia observado que os pequenos aprendem rapidamente a responder por imitação (Você chora? Eu choro! Você ri? Eu também vou rir): aos 2 meses de idade já podem imitar gestos, mesmo sem saber claramente o significado daquilo que estão observando. Quanto mais as crianças crescem, mais se especializam na imitação, dando um sentido ao que fazem, aprendendo que um gesto vale mais do que outro.

Isso para não falar da grande descoberta italiana de neurônios-espelho, que são ativados em animais quando veem um comportamento similar conhecido e que está sendo estudando nos seres humanos.

Tudo isso nos faz entender o quanto é prejudicial ensinar os filhos a se lamentarem frente às dificuldades da vida. Você se arrisca a educá-los com a **sensação de impotência**, e isso gera uma tendência a evitar as dificuldades com a consequente diminuição do humor.

Em cada família, existem momentos felizes e momentos difíceis. É preciso aproveitar os momentos felizes e encarar os difíceis com competência emocional e capacidade de enfrentá-los.

Um dos meus pacientes na terapia, um dia, falando sobre seu pai me disse: "Estou orgulhoso de meu pai, porque, apesar de tudo, ele conseguiu conduzir a família com dignidade e coragem". Aqui percebemos o quanto o exemplo fica marcado na mente do filho de uma maneira indelével.

A reclamação no ambiente de trabalho

Se queremos controlar a nossa vida, devemos assumir o controle dos nossos hábitos. Não é o que fazemos de vez em quando que molda nossas vidas, mas o que fazemos todos os dias.

Em muitas empresas, a reclamação é o esporte linguístico mais praticado. Entre Perseguidores, Vítimas e Salvadores, o mercado dos licenciados em "lamentologia" está sempre em expansão. A equação é a seguinte: quanto **menos competências** técnicas e emocionais, **mais lamento** presente nas organizações.

Minha profissão levou-me a ser um consultor de pequenas e grandes organizações e, muitas vezes, nos primeiros dias do curso, o início tem sido dedicado à temática: **"Pare de reclamar"**.

Primeiro, falei sobre como eliminar este hábito que limita a organização, porque não só bloqueia o processo de produção, mas cria um clima relacional negativo, que é inútil e ainda piora o desempenho.

Muitas vezes, entrei em ambientes de trabalho onde estavam presentes rostos tristes, irritados e com um forte clima de conflitualidade. As frases habituais eram: *"Não aguento mais..."*, *"É tudo culpa do sindicato..."*, *"Agora não há mais o que fazer..."*.

Limito-me a recordar apenas algumas frases, as mais polidas, mas posso assegurar que é triste ver seres humanos se rebaixarem a esse ponto.

É claro que muitas queixas estão ligadas a problemas reais e difíceis de suportar. A solução, porém, não pode ser a reclamação, mas uma clara tomada de posição para resolver os problemas. Após uma análise cuidadosa dos contextos organizacionais concluí que muitos desses problemas não são resolvidos simplesmente porque ninguém dá perspectivas de solução às dificuldades existentes. É como se as pessoas tivessem mais prazer em lamentar-se do que em procurar soluções adequadas. Parece até que existe nas empresas uma espécie de "manual coletivo" derrotista que se instalou ao longo do tempo. A responsabilidade por um clima organizacional como esse pode também resultar de uma liderança ineficaz. Naturalmente, um líder que se queixa é o cúmulo do "antinegócio".

Um dos princípios fundamentais que estão na base da liderança é: *"Pensar positivamente é um dever"*, porque o líder positivo atrai outros líderes em sua direção e torna-se um modelo a seguir.

Um bom líder não se lamenta

Trago aqui um breve diálogo que tive durante um curso com uma senhora que reclamava, em tom depreciativo, das pessoas de quem falava. Disse-lhe: *"Espero que a senhora não se queixe dessa maneira também aos seus colaboradores, porque esse vício pode espalhar um vírus capaz de destruir a sua organização, por maior ou menor que seja!"*.

Por que disse isso? Porque um líder não deve, de forma alguma, espalhar pensamentos negativos, dúvidas ou medos em seu grupo. Pelo contrário, deve eliminar essas fontes de negatividade do ambiente de trabalho, para garantir que o grupo esteja sempre mais forte e mais motivado para alcançar os objetivos. Ser um líder não é fácil, e é por isso que aquele que assume um cargo de liderança deve possuir grandes competências, tanto técnicas como emocionais.

É preciso uma atitude mental adequada

Tudo depende da maneira como você pensa. Cada coisa que você pensa torna-se a sua realidade, porque, se você pensar de determinada maneira, agirá de modo consequente. Se você acreditar que algumas coisas são possíveis, então você agirá em conformidade e de modo a torná-las possíveis. Se você pensar de maneira contrária, começará a ver apenas os obstáculos e manterá uma motivação negativa. As palavras que pronunciamos têm um efeito sobre nós. Por exemplo, uma coisa é dizer "tive um contratempo", outra é dizer "aconteceu uma tragédia". A intensidade emocional criada é diferente.

A diferença entre pessoas bem-sucedidas e aquelas que têm resultados negativos na vida está na maneira como lidam com as coisas que acontecem (os imprevistos). Acontecimentos imprevistos são o tempero da vida, permitindo-nos descobrir novos potenciais, novos recursos e construir novas capacidades. Uma vida sem "pedras no caminho" seria um verdadeiro tédio.

A focalização tende a criar sua realidade. Se focar apenas naquilo que vai mal, isso se tornará a sua realidade. Quando trabalho com pessoas, convido-as a pensar de maneira produtiva. Então, não dou soluções pré-fabricadas, mas, por meio de perguntas, desvio o foco para as soluções. Exemplo: "O que lhe custaria não fazer isso?", "Como você estaria se o fizesse?", "O que impede você de fazê-lo?".

A chave do sucesso é a atitude mental, isto é, a maneira como você encara as coisas, a perspectiva que você utiliza para captar os detalhes e as oportunidades para que sua equipe alcance a meta. Se você quiser ter sucesso e ser um bom líder, deve adquirir esta atitude mental.

A boa notícia é que essa atitude pode ser aprendida como qualquer outra capacidade.

Como adquirir a atitude mental correta? Com os **4Ds**!

Sugestões para seu aperfeiçoamento: os 4Ds

Existem muitas maneiras de você desenvolver suas melhores capacidades.

Os **4Ds** sempre representaram para mim uma contribuição valiosa para envolver e motivar os participantes de meus cursos e consultorias.

Inicia-se a partir do **D**esejo para tomar uma **D**ecisão, que, por sua vez, aciona a **D**isciplina e estimula a **D**eterminação.

Desejo
Antes de tudo, você precisa apaixonar-se pelo que faz, e é daí que surge o desejo de adquirir capacidades, independentemente de se tratar de capacidade para as vendas, liderança ou comunicação. Se o seu desejo de adquiri-las for suficientemente forte, nada poderá detê-lo. *Se você tiver um "porquê" forte o suficiente, conseguirá suportar qualquer "como".*

Decisão
Você tem que tomar hoje a decisão de que vai fazer tudo o que for necessário para adquirir essas capacidades, por mais desafiador e difícil que isso possa ser. São as decisões que moldam o nosso destino. *Quanto mais difícil, mais nos faz crescer.*

Disciplina

Você tem que empenhar sua vontade e disciplina para se organizar e dedicar o tempo necessário para desenvolver essas capacidades. Adquirir capacidades (*skills*) requer empenho, e não existem atalhos. São necessárias regras claras ditadas por valores claros e objetivos congruentes com a identidade.

Adaptar-se ao ensino mais rigoroso permite-nos trabalhar para alcançar a excelência.

Determinação

Finalmente, você precisa ter a determinação de persistir, apesar de qualquer tipo de fracasso, obstáculo, sentimento de vergonha ou medo que você possa sentir. Você só vencerá se tiver coragem para não se deixar derrotar pelos fracassos.

Estradas retas nunca formaram pilotos experientes.

A confiança deve ser a companheira de viagem em todos os percursos de crescimento. Você nunca sairá derrotado se continuar a acreditar em si mesmo!

Eficiência e eficácia

Quem se lamenta em geral é ineficiente e ineficaz.

Os termos "eficácia" e "eficiência", muitas vezes usados indistintamente como sinônimos, na verdade refletem dois conceitos bem diferentes.

Eficaz é aquilo que nos permite alcançar objetivos pré-definidos.

Eficiente, por outro lado, indica o modo como se alcançam esses objetivos e como são utilizados os recursos à disposição (tempo, dinheiro, recursos humanos etc.).

Eficácia e eficiência são conceitos muito importantes no ambiente de trabalho e, em geral, no planejamento e controle de qualquer negócio.

Se dois atletas se propõem a correr os 100 metros em menos de dez segundos e atingem o seu propósito, ambos são eficazes; mas entre os dois será mais eficiente aquele que tiver alcançado o objetivo com o menor gasto de recursos (tempo dedicado ao treinamento, custo do material técnico, treinador, nutricionista, assistentes etc.).

Os conceitos de eficácia e eficiência também são expressos na imagem a seguir, na qual o círculo indica o ponto de partida e a estrela mostra o ponto de chegada, enquanto a linha de ligação entre os dois símbolos representa o conjunto de ações realizadas para atingir o objetivo (meta ou ponto de chegada).

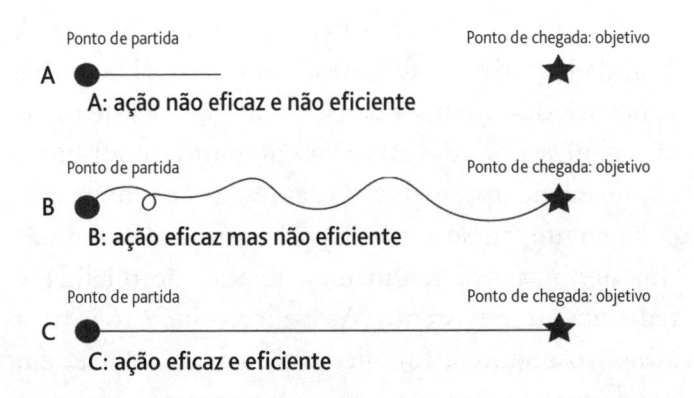

A: ação não eficaz e não eficiente

B: ação eficaz mas não eficiente

C: ação eficaz e eficiente

No caso A, vemos uma partida e não uma chegada. São as clássicas pessoas que começam as coisas e não conseguem terminar, encontrando várias desculpas para isso.

No caso B, vemos uma tortuosidade particular da ação, o que reflete um gasto de recursos significativos (tempo, dinheiro etc.) para alcançar a meta; consequentemente, a ação é eficaz, mas não eficiente. Já no terceiro caso, C, o alvo é atingido com o uso mínimo de energia: a ação empreendida para alcançar o objetivo é, portanto, particularmente eficiente.

Essa relação (caso C) aumenta **o índice de produtividade** (vitalidade), que é constituído pela relação entre os resultados obtidos e os recursos gastos (logísticos, instrumentais e humanos).

Somos muito eficazes e muito eficientes quando alcançamos o máximo gastando o mínimo.

EFICIÊNCIA + EFICÁCIA = QUALIDADE

A qualidade indica que o desempenho foi alcançado, ou seja, a relação entre a eficiência e eficácia. A qualidade pode ser alta, média ou baixa. Esses dois conceitos deveriam ser considerados dentro de todas as organizações, mas também são muito importantes em nossa vida pessoal. Por exemplo, se eu me matricular em um curso superior e não conseguir terminá-lo, significa que tenho uma relação de qualidade reduzida ou inexistente (A). Se levo cinco anos para atingir o objetivo, fui eficiente e eficaz (C). Se, em vez disso, levo dez anos, fui eficaz, mas não eficiente

(B). Se demorar quatro anos e meio, o índice de qualidade é alto.

Seja você mesmo e confie em suas capacidades

O problema de ser você mesmo é tão antigo quanto o mundo e universal como a vida humana. Não conseguir ser você mesmo é a causa que se esconde por detrás de tantas neuroses, psicoses e distúrbios. Ninguém está mais desesperado do que aquele que quer ser alguém ou algo diferente do que efetivamente é.

Ser você mesmo significa libertar-se das incrustações depositadas no seu interior e ter consciência do próprio presente. Situe-se em sua interioridade e deixe fluir tudo o que habita em você.

Chega um momento no seu caminho de crescimento em que você consegue compreender que a inveja é ignorância, que a reclamação é suicídio, que é preciso amadurecer o seu ser, porque é verdade que o universo está cheio de riquezas, mas nenhuma semente poderá nascer se não utilizarmos corretamente o pedaço de terra que nos foi dado. Devemos limpar nossa horta das ervas daninhas para semear e fazer brotar as sementes de nossa vida interior.

Ser autêntico significa manter-se fiel ao próprio ser. Mas como fazer isso? Ouça sempre a sua voz interior, ouça o que vem espontaneamente, de dentro.

Não se importe com quem lhe diz como você deve ser e o que deve fazer, sem realmente conhecer você e sem saber o que existe dentro do seu coração. Sua mãe quer que você se torne engenheiro, seu pai quer que você seja médico e você quer ser escritor. O que fazer? Claro que sua mãe tem razão, porque, do ponto de vista financeiro, de acordo com ela, é melhor ser engenheiro. Seu pai também tem razão: ser médico tem um bom valor de mercado. Um poeta escritor não tem valor para nossa cultura.

Não há nenhuma necessidade de cultura, o mundo pode existir mesmo sem arte, mas não pode existir sem engenheiros. Essas são crenças limitantes culturalmente determinadas.

É hora de se livrar disso!

Se você quer ser artista, seja artista. Você terá mais dificuldades, porém terá escolhido o seu caminho. Você pode seguir o desejo de seus pais e se tornar um grande engenheiro e ganhar muito dinheiro, mas você nunca vai se sentir realizado. A pior coisa que pode acontecer é sentir-se prisioneiro do desejo dos outros.

Lembre-se: seja fiel à sua voz interior, pois somente assim você terá a possibilidade de se realizar na vida.

Veja sempre o que é melhor para você e nunca deixe que ninguém roube o seu sonho. Muita gente está pronta para desvalorizá-lo, manipulá-lo e julgá-lo, para dar conselhos que você nem sequer pediu, mas saiba que o melhor conselho já está dentro de você.

Encontre o seu mestre interior e deixe transbordar o seu ardor interno. Só então você vai perceber o gigante que habita em você!

Escute sempre a sua voz interior. Você vai ser rodeado por mil tentações. O mundo é como um grande mercado: todos querem vender as suas coisas, inclusive suas frustrações, todos são vendedores. Mas, se der ouvidos a todos esses vendedores, vai enlouquecer, vai se perder na ilusão de coisas materiais ou substâncias que o levarão ao aniquilamento. Não dê ouvidos a ninguém; feche os olhos e ouça sua voz interior. É exatamente este o significado da meditação: ouvir a voz interior. Essa é a primeira coisa a fazer.

Procure dar espaço para as suas emoções, acolha e respeite cada uma delas. Se você está com raiva, fique com raiva. É arriscado, mas não fique sorrindo, porque será um sorriso falso, será apenas uma máscara. Se houver raiva dentro de você e você sorrir, você se tornará falso. Quando você sentir raiva, fique com raiva. Não há nada errado em ficar irritado. Expresse sua raiva e liberte-se. O importante é administrar a emoção, isto é, fazê-la fluir sem deixar que se torne destrutiva.

Lembre-se que as emoções não são negativas nem positivas; todas as emoções são úteis e funcionais, portanto, não devemos negá-las, mas saber conviver com elas.

Se você quiser sorrir, sorria. Não há nada de errado em dar boas risadas. Aos poucos, você vai perceber que seu sistema psicofísico vai voltar a funcionar. E quando isso acontecer, você escutará um som harmonioso.

É mais ou menos como um carro: quando tudo funciona bem, o motor emite um som harmonioso.

O motorista que entende de carros sabe reconhecer quando está tudo bem, quando existe uma unidade orgânica, quando o mecanismo funciona perfeitamente.

Você se sentirá sintonizado com a sua "frequência", aquela que está mais próxima de sua essência, do seu núcleo. Agora você está livre para se expressar como você é, e a felicidade vem ao seu encontro e, com ela, o amor pela vida.

Você também poderá perceber se o mecanismo funciona bem em uma pessoa que você encontra: se ela estiver sintonizada na sua frequência, você ouvirá esse som harmonioso ao seu redor.

Quando ela caminha, seus passos são uma dança. Quando ela fala, suas palavras carregam uma poesia sutil. Quando olha para você, está olhando realmente para você; não é morna, é quente. Quando toca em você, realmente toca em você. Você pode sentir a energia que chega ao seu corpo, uma corrente de vida que é transferida a você, porque o mecanismo dessa pessoa funciona bem.

Quando você está entusiasmado com o sucesso do outro, significa que você está no caminho certo para alcançar o seu.

A medida do sucesso na vida não coincide com ganhar dinheiro ou adquirir coisas materiais. A medida do sucesso corresponde à quantidade de alegria que você consegue sentir.

Todos nós queremos ser felizes, mas quantos estão dispostos a fazer o necessário para atingir esse objetivo? A felicidade é um dom que descobrimos dentro de nós, quando compreendemos que é inútil sermos diferentes do que somos.

Se você afastar-se de si mesmo, perder-se de si mesmo, terá perdido tudo!

Aqui, o vírus da reclamação se infiltra e começa a arruinar até mesmo as coisas belas. Precisamos reconquistar a confiança em nós e começar a eliminar o que nos impede de viver bem a vida.

Sem confiança, é impossível viver bem!

Experiências extraordinárias

Ser otimista não é dizer que está tudo bem, mas que tudo pode ser administrado bem!

Ao escolher o horizonte para onde você quer andar, não há necessidade de percorrer todo o caminho para encontrar a felicidade. Ela é encontrada ao longo do caminho.

Nunca perca o desejo de aprender. Todo dia, a vida nos ensina alguma coisa. Até os infortúnios podem se tornar fontes de crescimento.

Consciência de seus próprios meios (e de seus limites), força de vontade, determinação, curiosidade e um sorriso interior que não pode ser apagado – são essas as armas para enfrentar os desafios da vida.

Aceitar as próprias dificuldades significa redimensioná-las, impedir que nos agridam, que nos invadam, que nos imobilizem.

Existem pessoas com uma força interior extraordinária, que não se dobram diante dos obstáculos. Pessoas que, apesar de todas as dificuldades, encontraram forças para se levantar e continuar.

Deram o melhor de si para se tornarem o que são e nunca desistiram. Essa força deve-se a uma motivação particular, tão intensa que não permite que nada seja capaz de interromper o seu caminho.

Há alguns exemplos que eu gostaria de mencionar, todos conhecidos e emocionantes, de pessoas que, apesar das dificuldades, conseguiram graças a uma força e um otimismo indomáveis, transformar um acidente numa oportunidade de fazer novas experiências e, sobretudo, de descobrir novas riquezas interiores.

As coisas que nos acontecem são *obstáculos* que nos permitem entender e descobrir partes de nós que, de outra forma, nunca teríamos descoberto.

Se não permanecermos apegados ao problema, poderemos tirar lições e fazer progresso.

Alex Zanardi, famoso campeão de automobilismo que perdeu as pernas em um acidente durante uma corrida, disse: "Quando acordei sem minhas pernas, olhei para a metade que restou, não para aquela que perdi".

Após a reabilitação, Zanardi participou nos Jogos Paraolímpicos de Londres e ganhou duas medalhas de ouro. Além disso, ao longo dos anos, esteve engajado em trabalhos sociais e foi um exemplo para todos.

Tudo o que acontece conosco não tem nenhum significado a não ser o que atribuímos a ele.

Sue Austin, uma artista com deficiência física, transformou sua cadeira de rodas num veículo submarino, de modo que pudesse mergulhar. Ela não queria que nada a impedisse de desfrutar do mar como desejava. Todo mundo a desaconselhava a colocar a sua ideia em prática. Sue não desistiu; com desejo, decisão, disciplina e determinação **4Ds** conseguiu o seu intento: andar debaixo d'água com sua cadeira de rodas munida de motor, pedais e barbatanas personalizadas. As imagens dessa jovem mulher de longos cabelos escuros flutuando entre os corais, sentada em uma cadeira de rodas, comoveram o mundo.

"Muitas vezes, os limites estão nos olhos de quem nos contempla", disse minha extraordinária amiga **Simona Atzori**, a "bailarina sem braços" que conseguiu expressar a paixão pela dança e pela pintura com suas "mãos de baixo", como ela costuma chamar os próprios pés.

Simona disse: *"É nossa responsabilidade assumir a forma que desejamos ter. Não importa se você tem braços ou não, se é alto ou tem pouco mais de 1 metro, se é branco, negro ou amarelo, se enxerga ou é cego, se está preso à terra ou contempla o mundo das alturas mais inexploradas do céu. A diversidade está em toda parte, e é a única coisa que nos une a todos. Somos todos diferentes, graças a Deus, senão viveríamos num mundo de formigas".*

Simona é outro exemplo claro de como é possível transformar um limite em recurso e brilhar para si e para os outros. São exemplos luminosos que eu queria trazer para abrir os olhos daqueles que se lamentam e se resignam pensando que têm o pior destino do mundo.

Decidi ser feliz agora, com o que tenho, mobilizo-me para otimizar minha vida e fazer de cada acontecimento mais uma razão para valorizar quem eu sou e quem eu quero me tornar!

Não posso mudar a direção do vento, mas posso mudar a posição das velas, para continuar a navegar...

✓ Resumindo

Por que é sempre útil o que nos acontece?
Porque tudo o que acontece serve para aumentar a nossa consciência e melhorar as nossas capacidades comportamentais e emotivas. Por trás de cada acontecimento, positivo ou negativo, esconde-se uma lição útil para nossa vida. Somos nós que temos que vislumbrar esse ensinamento e transformá-lo em um tesouro.

Por que devemos evitar a reclamação em família?
Porque, especialmente nos primeiros anos de vida, aprendemos principalmente por imitação. Isso nos faz compreender o quanto é nocivo estar sempre reclamando na frente dos filhos. Arriscamo-nos a educá-los na sensação de impotência, e isso fará com que, mais tarde, eles evitem as dificuldades, com a consequente diminuição do humor.

O que precisamos fazer para dirigir a nossa vida?
Se quisermos dirigir a nossa vida, devemos assumir o controle dos nossos hábitos. Não é o que fazemos de

vez em quando que molda nossa vida, mas o que fazemos todos os dias.

A reclamação no ambiente de trabalho
Em muitas empresas, a lamentação é o esporte linguístico mais praticado. É claro que muitas reclamações estão ligadas a problemas reais e difíceis de se tolerar. Mesmo assim, a solução não pode ser o lamento, mas uma clara tomada de posição para resolver os problemas. Devemos aumentar as competências emocionais e técnicas.

O que são os 4Ds?
Os **4Ds** sempre representaram para mim uma contribuição valiosa para envolver e motivar os participantes de meus cursos ou consultorias.

Inicia-se a partir do **D**esejo para tomar uma **D**ecisão que, por sua vez, aciona a **D**isciplina e estimula a **D**eterminação.

Qual é a diferença entre eficiência e eficácia?
Eficaz é o que nos permite alcançar os objetivos pré-definidos. Eficiente, por outro lado, indica a maneira como são alcançados esses objetivos e como são usados os recursos à disposição (tempo, dinheiro, recursos humanos etc.).

Por que os exemplos são úteis?
Porque nos permitem refletir sobre os nossos hábitos e acionam consciências importantes. Alex Zanardi, Sue Austin, Simona Atzori são alguns exemplos maravilhosos

de como um limite percebido pode se tornar um recurso e uma oportunidade para novas experiências e, sobretudo, para descobrir novas riquezas interiores.

TERCEIRA PARTE

PROPOSTAS PRÁTICAS PARA A VIDA

5

PENSANDO A MUDANÇA

Como agir de maneira prática

Nesta terceira parte do livro, quero salientar, antes de tudo, que tenho o maior respeito por quem está passando por um momento difícil na vida. O trabalho como psicoterapeuta me sensibilizou muito e, ao longo dos anos, conheci pessoas com dificuldades de todo tipo. Sei que, às vezes, podemos viver momentos de desconforto, mas é por isso mesmo que estamos aqui: para entender como lidar com esses momentos e dar sentido a tudo o que nos acontece.

É Proibido Reclamar não é um convite à lei do silêncio ou ao sofrimento passivo, mas significa justamente falar para encontrar soluções, denunciar as coisas que estão erradas, aumentar as competências e a meritocracia, apoiar e ajudar aqueles que precisam de nós.

Como *as coisas não resolvidas sempre voltam*, chegou a hora de agir e de transformar nossos desejos em resultados concretos.

As abordagens para resolver problemas são múltiplas e dependem da natureza do problema e do tipo de pessoas envolvidas. A figura a seguir representa um esquema simples, mas eficiente, para esclarecer como você pode lidar com uma dificuldade.

Quando estamos diante de um problema, é preciso primeiro identificá-lo, perceber a causa e compreender o que ele provoca em nós. Com base nas primeiras informações, procuramos encontrar uma solução, mesmo graças a um confronto, se o considerarmos útil. Depois de verificar se a solução é adequada, agimos.

```
Identificar causa          ┌──────────┐        De saúde
   e efeito                │ PROBLEMA │        Financeiro
                           └────┬─────┘        Familiar...
                                ▼
                        ┌──────────────┐
                        │  BUSCA PELA  │       Confronto
                        │   SOLUÇÃO    │
                        └──────┬───────┘
                               ▼
                         ┌──────────┐
                         │   AÇÃO   │
                         └────┬─────┘
                              ▼
  Não é o resultado    ┌────────────┐      É o resultado
      esperado!     ◄──│ RESULTADO  │──►      esperado!
  Experiência e nova   └────────────┘      Experiência positiva
        busca
```

A ação produz resultados!

Se o resultado obtido for o esperado, vamos nos alegrar e seguir em frente. Se, ao contrário, não for o desejado, pelo menos fizemos uma experiência e percebemos quais são as coisas que não devemos repetir. Aprendemos algo de útil e retomamos a partir desse ponto para analisar o problema e procurar novas soluções.

Na vida não existem fracassos, mas resultados, e é sempre possível recomeçar a partir dos resultados.

Neste sentido foi "brilhante" a experiência de Thomas Edison, famoso por ter inventado a lâmpada. Conta-se que, durante uma entrevista coletiva um repórter lhe perguntou: "Diga, senhor Edison, como se sentiu ao falhar 2 mil vezes antes de perceber como devia fazer uma lâmpada?" Bem, a resposta de Edison foi: "Eu não falhei 2 mil vezes ao fazer uma lâmpada; simplesmente descobri 1.999 maneiras de como não fazer uma lâmpada. Não desanimei porque cada tentativa falhada e descartada representava mais um passo à frente".

Essa é a atitude de um vencedor. Qualquer experiência é útil na vida.

Desenvolvemos o que alimentamos

Isto nos faz perceber que, se nos focarmos naquilo que queremos alcançar, aumentam as probabilidades de sucesso. A figura vista anteriormente é um exemplo prático. Cada um de nós pode decidir que perspectiva adotar diante de qualquer acontecimento. Se a sua mente processa pensamentos negativos, se o instinto leva-o à queixa, apenas tome consciência disso. Diga a si mesmo: "De que me serve essa reclamação?" Não seria melhor dizer: "O que posso fazer para melhorar minha qualidade de vida?" Focar naquilo que podemos fazer é útil para empoderar a nossa vida. Fazer as **perguntas certas** é muito importante.

As perguntas têm um poder extraordinário, que podemos resumir na seguinte lista:

- Direcionam nosso foco (aquilo em que nos concentramos).
- Estabelecem a qualidade das soluções que encontramos para nossos problemas.
- Influenciam nossos estados emocionais (seja pelas emoções positivas, seja pelas dolorosas).
- Afetam a qualidade do nosso trabalho (aplica-se a todos os âmbitos da vida).

Existem **perguntas improdutivas**, que nos fazem ficar ancorados a um problema e que muitas vezes começam com *por quê*:

- Por que isso só acontece comigo?
- Por que sou tão azarado?
- Por que não consigo realizar este projeto?
- Por que sinto ansiedade toda vez que isso acontece?

Já as **perguntas produtivas** são aquelas que nos ajudam, por meio da busca pela resposta, a dar um passo adiante em direção aos nossos desejos, seja para atingir um objetivo, seja para entrar em um estado de espírito particular (ou sair de um indesejado). Essas perguntas geralmente começam por "Como posso" ou "O que":

- O que posso aprender com essa situação?
- O que há de bom nisso?
- Como posso utilizar essa situação a meu favor?
- O que posso fazer para tornar o aprendizado mais eficaz, mais rápido e mais divertido?
- Como posso transformar essa sensação dolorosa em um sentimento positivo?
- Como posso me divertir enquanto trabalho?

As perguntas, em última análise, são o sistema de avaliação que utilizamos para viver. Nós as usamos continuamente, não apenas de modo racional, mas também inconscientemente. Se não aprendermos a fazer perguntas produtivas, com dificuldade poderemos alcançar metas importantes. Resumindo: aprender a fazer as perguntas certas é fundamental.

É mais fácil dar respostas do que fazer as perguntas certas!

A força que nos leva a mudar

Se você mudar a direção de sua vida, nem que seja um milímetro, em poucos anos, estará do outro lado do mundo.

Existe uma força que tende a nos fazer mudar, que é o desejo de alcançar algo novo para nos sentirmos mais adaptados à vida, para nos sentirmos mais coerentes conosco mesmos e para ter uma sensação de bem-estar. Ter um objetivo a ser alcançado já é um excelente ponto de partida: sabemos precisamente aonde queremos chegar, e isso nos permite intuir que caminho devemos seguir. Mas ter um objetivo claro pode não ser suficiente para encontrar a motivação certa para dedicar-nos, sistematicamente, a alcançar nossos objetivos. Devemos, portanto, **encontrar um sistema para nos motivar**, de modo a conseguirmos a **constância** para realizar nossos projetos, a **força de vontade** para lidar com os imprevistos e a **elasticidade** para sermos capazes de mudar nossas ações em curso, quando as coisas não saírem conforme o previsto.

Como podemos encontrar o impulso certo para realizar os nossos sonhos? A mola que nos permite encontrar a motivação certa é representada pela chamada **alavanca de prazer/dor**.

O esquema abaixo representa a balança motivacional. As duas alavancas estão por cima dos dois pratos. Depende de nós decidir qual alavanca usar para atingir nossos objetivos.

A mudança acontece quando a ideia de continuar a viver em uma determinada condição provoca um **mal-estar de tal ordem** que não se consegue outra coisa senão mudar. Alternativamente, a mudança pode ocorrer quando o **prazer** que atribuímos à conquista de uma nova condição **é tão motivador**, que nos empurra para a ação. Melhor ainda, se as duas forças agem simultaneamente: quando a dor pela situação contingente é insuportável e, ao mesmo tempo, o prazer associado à nova condição é igualmente motivador, então **não há trava que aguente**. Nesses casos, o impulso é tão forte que a mudança pode ocorrer em poucos instantes.

Vamos dar um exemplo ilustrativo de como funciona o equilíbrio entre prazer e dor. Imaginemos um homem que vive uma relação muito infeliz com sua companheira: a contínua incompreensão e as brigas frequentes criaram uma condição de sofrimento intenso. Esse homem percebe que dificilmente conseguirá recuperar o relacionamento amoroso, mas não consegue encontrar a força para deixar sua companheira. O motivo? As possibilidades são duas: ou ele não está sofrendo o bastante, ou ele não tem uma alternativa suficientemente agradável. É possível, de fato, que a ideia de deixar a companheira provoque no homem uma certa dose de dor, que pode se manifestar na forma de desconforto, medo, insegurança. Aqui estão algumas perguntas que ele pode fazer a si mesmo: *"E se, depois de deixá-la, eu começar a sofrer de solidão?"*, *"Como vou me adaptar a um novo estilo de vida após todos esses anos juntos? Serei capaz de fazer isso?"*, *"E se depois não conseguir encontrar outra companheira e tiver que passar o resto da vida sozinho?", "E se depois eu perceber que a amava, quando já for tarde demais?"*

Portanto, o medo do desconhecido e a ansiedade que vem de ter que enfrentar uma situação nova e indefinida geram uma quantidade de dor que vai compensar a dor que o homem suporta por causa da sua relação. Nesse caso, a pessoa fica numa **condição de imobilismo**, criada pela chamada **barreira dor/dor**: forte sofrimento, devido à situação contingente, mas também uma grande dose de dor diante da ideia de mudança.

Nesse ponto, não deveria ser difícil perceber quando a mudança ocorre. Agimos para mudar o estado das coisas quando há um desequilíbrio entre as duas forças: ou porque sofremos mais sem agir, sem mudar; ou porque sentimos mais prazer diante da ideia de mudança do que ao permanecermos imóveis; ou até porque (situação ideal) sentimos dor devido à situação contingente, e prazer com a nova condição que iremos alcançar.

É por isso que, mesmo se no passado você definiu objetivos, em certo ponto, preferiu abandonar o projeto em curso para dedicar-se a outras coisas. Porque o equilíbrio entre dor/prazer não era tal que o motivasse a agir, ou porque esse equilíbrio, mudando com o tempo, não permitia que você perseguisse com perseverança o seu objetivo. Na verdade, a avaliação do prazer e da dor não é uma análise objetiva. Trata-se de uma interpretação totalmente pessoal e que, portanto, pode mudar a qualquer momento, de acordo com a nossa experiência e as nossas convicções.

Para mudar, é preciso adicionar competência e compreender que a "mudança" anda de mãos dadas com a "melhoria".

Quais são os principais obstáculos para a mudança?

A mudança é um fato inevitável, a melhoria é uma escolha. Para melhorar é preciso progredir, isto é, obter resultados diferentes daqueles já alcançados. Se, por exemplo, nos últimos três anos, mudei continuamente de trabalho porque fui demitido por causa de minha incompetência, nesse caso com certeza houve uma mudança, porém não uma melhoria.

Mas quais são os obstáculos que nos impedem de mudar?

1. **O medo**: a mudança sempre induz a uma reação emocional. Você também pode ter medo de vencer.
2. **Hábitos tranquilizadores**: evitar sair da zona de conforto, mesmo que limitante. Preferimos o conhecido ao desconhecido.
3. **Falta de estímulos**: não estou suficientemente motivado para dar os passos decisivos.
4. **Crenças limitantes**: pensar que não é capaz de melhorar.

5. **Juízo crítico**: evitar a mudança para não ser censurado ou rejeitado.

Exercício

Certamente você está tentando alcançar seus objetivos. Após identificar qual obstáculo o bloqueia, tente compreender qual alavanca mobiliza os seus comportamentos.

_____
_____
_____
_____

Crenças

Aquilo em que você acredita torna-se o que você fará!

Cada decisão em particular, cada coisa que fazemos é determinada por nossas crenças (conscientes ou inconscientes), pelos valores, pelas regras e pelas experiências de referência que adquirimos ao longo da vida.

Mas a maioria das pessoas é totalmente inconsciente de como tudo isso acontece e vive em constante reação ao ambiente externo.

Este é o principal motivo pelo qual a maioria das pessoas vive uma existência aquém de suas possibilidades e com baixo nível de satisfação: elas participam de um jogo sem conhecer as regras e sem ter previamente a menor ideia do que podem fazer para vencer!

Compreender o que determina nossas ações e as sensações que experimentamos todos os dias e, principalmente, saber assumir o controle de tudo isso pode mudar drasticamente a qualidade do relacionamento que estabelecemos conosco e com os outros, tanto no trabalho como na vida privada. Tudo isso é possível!

Crenças enraizadas

Como se formaram e enraizaram na mente as numerosas crenças que cada um de nós tem?

As origens podem ser diversas:

- Os ensinamentos e os modelos educativos que tivemos desde a infância transferiram para nós uma imensa quantidade de convicções sobre tudo o que nos circunda.
- As experiências pessoais fazem com que nos "convençamos" (ou duvidemos) de algo.
- Nós nos convencemos de muitas coisas simplesmente por "ouvir dizer": o confronto com os outros é outra ferramenta importante para a aquisição de convicções.

Um exemplo disso é emblemática a história da águia que acreditava ser uma galinha, narrada por Anthony de Mello.

Um ovo de águia foi colocado e chocado no ninho de uma galinha. A pequena águia, criada com os pintinhos, ao longo da vida fez tudo aquilo que as galinhas faziam no galinheiro. Um dia ela viu, lá no alto, um magnífico pássaro: "O que é aquilo?", perguntou à galinha mais próxima. "É a águia, a rainha dos pássaros, mas esqueça. Você e eu somos diferentes dela". Assim, a águia não pensou mais nisso e morreu convicta de que era uma galinha.

Anthony de Mello lembra que muitas vezes a vida é aquilo que acontece enquanto estamos ocupados fazendo outros planos, enquanto estamos adormecidos à espera de que alguma coisa aconteça. Essa história não é apenas um convite, mas um grito: "Acorde!".

Quais crenças você tem em relação a você, à vida e aos outros?

_____
_____
_____
_____

Os 5 hábitos para alcançar a excelência

Somos aquilo que fazemos repetidamente; portanto, a excelência não é uma ação, mas um hábito.

Somos criaturas de hábitos e procuramos repetir o que costumamos fazer sempre. O caráter é essencialmente composto por hábitos.

Os hábitos são fatores poderosos em nossa vida. São modelos constantes e, com frequência, inconscientes, que expressam de forma repetida, diariamente, o nosso caráter e determinam a nossa eficácia (ou ineficácia) operativa.

A excelência pode se tornar uma constante, se seguirmos os **5 hábitos**:

1. Comece pensando no que você deseja alcançar.
Significa começar com uma compreensão clara do objetivo, daquilo que desejamos verdadeiramente (a visão – *vision*).

Significa saber para onde estamos indo, de modo a perceber melhor onde nos encontramos hoje e garantir que nossos passos sigam sempre na direção certa!

Todas as coisas são criadas duas vezes. Há uma primeira criação, mental, e uma segunda criação, física.

Em nossa vida, se não desenvolvemos a consciência e nos tornamos responsáveis pelas primeiras criações, permitimos que outras pessoas e circunstâncias externas à nossa esfera de poder controlem grande parte da nossa existência, por omissão. Podemos interpretar reativamente o papel [*script*] que recebemos de nossa família, dos programas mentais dos outros, do nosso contexto social.

Gerenciar de modo eficiente, mas sem uma direção eficaz, é como tentar endireitar a Torre de Pisa.

Nenhum sucesso em termos de gestão pode compensar um fracasso em termos de liderança. Portanto, é necessário ter bem claro em mente o que se pretende alcançar.

Escreva uma declaração pessoal de intenções, partindo do centro de sua esfera de poder, isto é, daquilo que você pode fazer agora.

Seja coerente com sua identidade e organize seus objetivos éticos de modo claro.

Um bom objetivo deve:

- Ser escrito na forma positiva.
- Ser específico.
- Ser mensurável.
- Depender da nossa responsabilidade.

2. Use um pensamento proativo.

Significa algo mais do que simplesmente tomar a iniciativa. Significa que, como seres humanos, somos responsáveis pela nossa vida. Nosso comportamento depende das nossas decisões, não das condições em que vivemos. Ter a capacidade de ir sempre mais longe, diante de qualquer dificuldade ou problema, é a atitude dos vencedores, porque não é aquilo que acontece que nos machuca, mas a nossa reação diante do que acontece. Se escolhemos uma linguagem de lamentações, usamos frases como *"Não posso fazer nada", "O que posso fazer, se as coisas são assim?", "Por que tenho tão pouca sorte?"*. Se, ao invés disso, formos proativos, diremos habitualmente: *"Vou considerar as alternativas possíveis", "Posso escolher uma abordagem melhor", "Estou fazendo tudo o que posso"*.

Os proativos colocam o foco na sua esfera pessoal de poder e diminuem a esfera de impotência. Em termos práticos, concentram-se naquilo que podem fazer para melhorar e avançar: otimizam os recursos, aumentam as competências, esforçam-se, estudam e fazem perguntas produtivas (Gráfico 1).

Gráfico 1

Os reclamões, por outro lado, aumentam a esfera de impotência e diminuem a de poder (Gráfico 2). Eles se sentem cada vez mais vítimas dos acontecimentos e sempre culpam os outros. Procuram desculpas e fazem perguntas improdutivas.

Gráfico 2

3. Gerencie o tempo com eficácia.

Ser eficaz na gestão do tempo é uma das competências mais importantes a serem adquiridas. O tempo é o recurso mais precioso que temos ao nosso dispor para podermos alcançar os nossos objetivos.

Se você perceber que está saltando de uma tarefa para outra, e se todos os dias tem a sensação desagradável de não ter concluído nada, ou que vive correndo para terminar as coisas a tempo, talvez este seja um sinal de alerta que pode significar que na sua vida é necessário reorganizar as coisas de modo a desenvolver um planejamento das atividades. E talvez você deva organizar uma **estratégia válida para definir suas prioridades**. Este é o primeiro passo para a gestão eficaz do tempo.

Às vezes, as coisas não acontecem como gostaríamos, mas continuamos a fazer os mesmos gestos, quase sem pensar nisso. Nesse caso, seria oportuno parar, refletir por um momento e tentar escrever uma resposta breve para a seguinte pergunta: "Entre as coisas que poderíamos fazer (e que não fazemos), qual é aquela que, se feita regularmente, resultará em uma imensa mudança positiva em nossa vida pessoal?".

A resposta é: "Dar precedência às prioridades".

Os melhores resultados, tanto para as pessoas quanto para as empresas, só são obtidos quando damos importância para as prioridades; é isso que determina o que podemos chamar de "gestão eficaz".

À frente de uma gestão eficaz está inevitavelmente uma liderança (pública ou privada) capaz de estabelecer as prioridades reais, assegurando-lhes a cada momento a importância adequada.

A maneira mais simples de dar uma resposta à pergunta feita no início é olhar para dentro de nós, como pessoas ou líderes empresariais, e perguntar: "Quais são as prioridades que não estamos enfrentando?".

4. Antes de falar, tenha bem claro em mente o que você quer dizer.
Os problemas de comunicação e os mal-entendidos estão entre as principais causas de dispersão de recursos.

As pessoas primeiro tentam ser compreendidas, mas muitas vezes nem sequer entendem o que elas próprias querem.

Quando ouvem os outros, na maioria dos casos, não ouvem com a intenção de compreender; ouvem apenas com o propósito de responder. Geralmente, primeiro procuram impor a sua tese, falando ou preparando-se para fazê-lo, mas raramente conseguem escutar. Filtram tudo exclusivamente por meio das próprias experiências e dos próprios hábitos mentais, sem abertura real ou verdadeira partilha, refletindo sua experiência e sua autobiografia na vida dos outros.

É preciso reconhecer, muitos de nós ainda não compreenderam que entre o "entender" e o "fazer-se entender" se encontra a "escuta".

Portanto, escutar ainda parece uma meta longínqua, visto que exige uma mudança radical dos nossos padrões, hábitos e paradigmas atuais, de cunho individualista e autorreferencial.

Os gregos antigos tinham uma filosofia magnífica, hoje chamada de "escuta empática", cujos fundamentos eram:

- O *Ethos* (ética), que seria a credibilidade pessoal do indivíduo; a confiança que os outros têm em sua integridade e competência.
- O *Páthos* (emoção): é o lado empático; os sentimentos, a sintonia emocional das pessoas em comunicação umas com as outras.
- O *Logos* (escolha), que, por sua vez, é a lógica, a parte racional do ser humano.

Consideremos um bom vendedor, ótimo profissional: certamente abordará o cliente de modo a tentar compreender suas necessidades, seus interesses e suas expectativas. Um vendedor amador, por outro lado, focará, ansiosamente, apenas em apresentar o produto. Como você pode perceber, a diferença entre os dois está simplesmente na escuta.

Numa atitude empática, você ouve com seus ouvidos, mas também, e mais importante, com seus olhos e com seu coração. Isto permite aumentar a "conta-corrente emocional", tanto privada como profissional, daqueles que adotam esse comportamento tão útil quanto saudável.

Portanto, está na hora de começar a seguir esse comportamento, sobretudo na família, passando mais tempo com nossos filhos, talvez com a televisão desligada, prestando mais atenção, ouvindo mais. Assim, vamos descobrir como as coisas, a vida e o mundo podem ser mudados partindo precisamente do nosso microcosmo.

Estamos cheios de nossas próprias razões, da nossa autobiografia, e achamos que os outros pensam como nós, mas não é assim!

5. Pense como um vencedor!

Essa não é uma simples frase repetida como um *slogan* para impressionar, mas uma disposição mental e emocional que procura constantemente o benefício mútuo em todas as interações humanas.

O paradigma "*win to win*" [bom pra todos] significa que os acordos ou as soluções encontradas trazem benefício e satisfação mútuos. Com a solução "eu ganho/você ganha", todas as partes ficam satisfeitas com a decisão e sentem-se envolvidas no mesmo plano de ação.

Eu ganho/você ganha, portanto, não é uma técnica; é a estratégia de relação humana mais potente da história do mundo. Embora seja conhecida há milhares de anos e tenha sido prescrita por líderes espirituais como Confúcio e Buda, séculos antes de Jesus, ainda é um princípio válido nos dias de hoje.

Eu ganho/você ganha é baseada na ideia de que "há espaço para todos": o sucesso de uma pessoa não é atingido à custa dos outros. Esse é o grande erro cometido por muitos empresários que, de outra perspectiva, parecem preocupados com a pouca colaboração que recebem de seus funcionários.

Eu ganho/você ganha é um dos paradigmas que, se não observado conscientemente, determina uma grave disfunção tanto produtiva quanto humana. Em outras palavras, quando em uma empresa (ou em uma família ou organização social) existe relutância para cooperar e a comunicação é agressiva-defensiva, é sinal de que a famosa "conta-corrente emocional" está completamente no vermelho e causou um clima generalizado de desconfiança.

Agora, tente perceber se você usa os 5 hábitos e estruture um plano de ação baseado neles.

_____
_____
_____
_____

✓ Resumindo

O que precisa ser feito frente a um problema?
Devemos, primeiramente, identificar o problema, compreender a sua causa e o que ele está provocando em nós. Com base nas primeiras informações, tentamos encontrar uma solução, até mesmo graças a um confronto, se o considerarmos útil. Depois de verificar se a solução pode ser adequada, agimos. A ação produz resultados que se tornam novas experiências e novos aprendizados.

Qual é o poder das perguntas?
As perguntas são o sistema de avaliação que utilizamos para viver. Nós o usamos continuamente, não apenas de forma racional, mas também inconscientemente. Sem aprender a fazer perguntas produtivas, é difícil atingir objetivos importantes.

As perguntas produtivas são aquelas que nos ajudam, por meio da busca pela resposta, a avançar na direção dos nossos desejos, seja para entrar em um estado de espírito particular, seja para sair de um indesejado. Essas perguntas em geral começam com "Como posso" ou com "O que".

Como podemos encontrar o impulso certo para realizar nossos sonhos?
A mola que nos permite encontrar a motivação certa é representada pela chamada alavanca de prazer/dor.

Quais são os principais obstáculos para a mudança?
A mudança é um fato inevitável, a melhoria é uma escolha. Para melhorar, é necessário progredir, ou seja, obter resultados diferentes em relação aos já alcançados. Os obstáculos para a melhoria podem ser: medo, hábitos tranquilizadores, falta de estímulo, crenças limitantes e juízo crítico.

Por que nossas crenças são importantes?
Porque cada decisão tomada, cada coisa que fazemos é determinada por nossas crenças (conscientes ou inconscientes), pelos valores, pelas regras e pelas experiências de referência. É importante ter crenças potencializadoras, ou seja, acreditar no próprio potencial.

Os 5 hábitos para alcançar a excelência.
Somos criaturas de hábitos e sempre procuramos repetir o que costumamos fazer com frequência. O caráter é essencialmente composto por hábitos.

Os hábitos são fatores poderosos em nossa vida, portanto, a excelência pode se tornar uma constante, se seguirmos os *5 hábitos*.

6

O PAPEL DA MOTIVAÇÃO

Por detrás de um objetivo existe um propósito

Todos os seres humanos tendem para a homeostase, ou seja, estão em uma condição constante de busca de equilíbrio. Tudo o que fazemos na vida está relacionado a um fator motivacional, desde o mais simples ao mais complexo. A motivação é o fator de que dependem a direção, a intensidade e a persistência de um comportamento orientado para um objetivo (biológico ou social). Cada objetivo tem um propósito. O objetivo é o que quero alcançar; o propósito responde à pergunta "por quê?".

O termo "motivação" deriva literalmente de "motivo" e "ação", expressando, portanto, o **motivo** que nos leva a realizar uma **ação** específica. Em outras palavras, é o conjunto dos propósitos que levam uma pessoa a agir e a pôr em prática um comportamento na direção dos objetivos a serem alcançados.

A motivação pode ser intrínseca, quando o fim é uma simples gratificação interior, ou extrínseca, quando a meta é externa. Um mesmo comportamento pode ter uma motivação intrínseca ou extrínseca; essa diferença depende do sujeito.

Para dar um exemplo: se uma aluna estuda porque tem prazer em estudar, sua motivação é intrínseca. Se, pelo contrário, estuda porque deseja obter um diploma para satisfazer seus pais, a sua motivação será extrínseca.

Os indivíduos, diante de um objetivo, são movidos por dois impulsos: a *tendência para o sucesso*, que nos encoraja a assumir tarefas difíceis, mas percebidas como possíveis de serem executadas, e a tendência a *evitar o fracasso*, que induz a escolher objetivos muito fáceis ou, então, difíceis de tal forma que o fracasso certamente pode ser atribuído a causas independentes de si mesmo.

Existem pessoas literalmente "paralisadas" pelo medo do fracasso e outras que gostam de se envolver em atividades muito desafiadoras.

Quando falamos em motivação, também devemos fazer referência às emoções.

As emoções condicionam nossas decisões. Fazemos as coisas para evitar certas emoções e procurar outras que satisfaçam as nossas necessidades. Exemplo: *"Quero alcançar aquele objetivo para experimentar o estado de espírito que me faz sentir satisfeito"*.

Estamos à procura dos estados de espírito que nos trazem bem-estar, e tudo o que fazemos ou que evitamos é influenciado por aquilo que queremos sentir interiormente.

Motive seus filhos

É mais importante preparar o seu filho para o caminho do que preparar o caminho para o seu filho.

Vamos começar do início, do momento em que aprendemos as bases fundamentais da vida. Desde crianças somos educados (treinados) para viver e enfrentar as dificuldades. Aprender se fundamenta sobre o crer, ou seja, na confiança que um filho deposita em seus pais.

Para motivar um filho, é preciso:

- **Ser um modelo positivo.** Tudo o que você quer que seu filho seja, você deve ser primeiro. A criança é também uma réplica sensível, que repete e imita o que aprende com as pessoas com quem vive. O pai ensina mais com o que ele é do que com o que ele diz.
- **Elogiar o esforço.** É importante destacar concretamente a importância e o valor do esforço que eles colocaram em fazer uma determinada coisa e recompensá-los com atividades divertidas para fazer juntos.
- **Mostrar-se confiante e satisfeito** é muito mais motivador do que muitas críticas: estas muitas vezes servem apenas para minar a autoestima dos pequenos. O mesmo vale para as expectativas em relação a elas, que não devem ser nem muito altas (a criança se sente inadequada e desiste) nem demasiado baixas (a criança se aborrece, não é incentivada a agir).

- **Criar um ambiente diversificado.** Expor as crianças a uma variedade de atividades, temas, *hobbies* aumenta as chances de encontrarem alguma coisa que as apaixone e motive. Organizar atividades em família também incentiva as crianças que têm a tendência para se mobilizar apenas se forem "arrastadas" pelo grupo.
- **Estabelecer metas estimulantes.** Converse com as crianças para descobrir o que elas gostariam de alcançar, coloque isso por escrito ou sob a forma de desenho e, em seguida, discuta com elas quais seriam os "passos" a serem dados para alcançar esses objetivos. Mantenha essa folha à vista.

Motivar os colaboradores

Durante muito tempo, acreditou-se, às vezes erroneamente, que para obter o máximo de um colaborador bastaria condicionar a concessão de prêmios ou de eventuais punições à qualidade dos resultados produzidos. Assim, por anos foram criadas políticas motivacionais por meio de instrumentos, tais como salário (valor material) e carreira (reconhecimento social interno da organização).

Na verdade, a capacidade de reconhecer essas alavancas pode ajudar o empresário consciente a despertar, às vezes, recursos inesperados em seu colaborador. No entanto, hoje em dia, é cada vez mais comum que isso não seja suficiente para garantir, ao longo dos anos, a assiduidade e a continuidade do nível de desempenho desejado.

Em primeiro lugar, a motivação é um fator essencialmente subjetivo: cada um de nós é motivado por fatores diferentes. Estar motivado para trabalhar significa acordar feliz com o início de um novo dia de trabalho, não se sentindo cansado e desanimado. Estar satisfeito com o que se faz é a alavanca motivacional mais importante.

Algumas pessoas são mais atraídas pelo dinheiro, outras pela sensação de serem consideradas as melhores, por serem reconhecidas no seu papel, outras ainda pela oportunidade de expressarem a sua criatividade.

Além disso, nem sempre os objetivos do trabalhador coincidem com os objetivos do grupo: muitas vezes, o trabalhador percebe um conflito entre suas metas pessoais e os objetivos da empresa. Isso cria uma confusão, que tende a bloquear o processo produtivo. É necessário que todos os participantes ativos na organização partilhem os mesmos valores e se sintam protagonistas necessários da missão [*mission*] e da visão [*vision*] da empresa. Do *"eu trabalho para..."* ao **"nós estamos juntos para..."**

O sonho

Para motivar melhor os trabalhadores, é necessário reviver o sonho da pessoa que fez nascer a empresa. Todo empreendimento nasce graças a um sonho. Normalmente, a história da organização é composta de muitas histórias que se sucederam ao longo do tempo, e ficaram gravadas na memória daqueles que ali trabalham e facilitam a transmissão de identidades e valores corporativos. Para reforçar a identidade empresarial, muitas vezes é necessário voltar às origens. O sonho da empresa deve ser "redescoberto" e "reconstruído". Este objetivo geral pode ser detalhado em alguns objetivos específicos:

- Possibilitar que os novos colaboradores conheçam a história da empresa, transmitindo-lhes os momentos de maior destaque e os seus principais valores.
- Fazer os colaboradores "veteranos" redescobrirem a história da empresa, a partir de um ponto de vista diferente.
- Usar a metáfora como um instrumento privilegiado para transmitir o espírito e os valores da empresa.

O que precisa ser feito para motivar?

1. Para motivar, é preciso estar motivado.
Muitos líderes pretendem e esperam que sua equipe esteja sempre motivada, independentemente de como se sentem ou se comportam. É impossível motivar sem estar motivado. Você chega ao trabalho antes dos outros? Está sempre entusiasmado, até mesmo com alguma boa notícia para comunicar a todos? Tem uma linguagem proativa? Se sim, então você está comunicando sua motivação. Caso contrário, você nunca terá sucesso em sua intenção de ter um grupo motivado.

2. Cada motivação requer um objetivo.
Sem um objetivo específico, não existe motivação. A motivação, na verdade, comporta um empenho direcionado para o futuro, e, sem um objetivo, o propósito falha. Na verdade, são poucas as pessoas que se estabelecem metas, mas muitas vezes também não têm esperanças de melhorar. Não têm propósitos, objetivos, aspirações para fazer ou realizar alguma coisa. Quando você não tem metas, aparece inevitavelmente a apatia, o pior inimigo da motivação.

3. A motivação deve ser contínua.
Um dos principais objetivos das reuniões na empresa é motivar os colaboradores. Geralmente se pode conseguir isso reunindo um grupo de pessoas, dando-lhes informações sobre os objetivos alcançados, comunicando planos e metas para o futuro. Tudo isso "recarrega" os participantes, mas não é o suficiente. A motivação é um processo contínuo, não um problema a ser abordado apenas uma vez. É mais ou menos como a manutenção periódica de um veículo; assim, também é necessário incentivar periodicamente a motivação pessoal e a dos outros. Como? Recordando as circunstâncias que nos "recarregaram" em determinados momentos. Às vezes, é suficiente evocar a memória destes acontecimentos para obter imediatamente um efeito positivo. Houve um momento em sua vida em que você se sentiu 100% seguro, em que superou a si mesmo? Como você se sentiu naquele momento? Recupere esse sentimento e use-o para enfrentar uma situação importante agora.

4. Em cada motivação existe reconhecimento.

Se você infringir essa regra, mais ninguém ao seu redor se sentirá motivado. O reconhecimento pode assumir as mais diferentes formas: de um tratamento cordial a uma carta de agradecimento. Sentir-se apreciado é uma necessidade absoluta para qualquer um de nós. Um elogio genuíno gratifica e motiva uma pessoa mais do que qualquer outro incentivo.

5. A participação é motivadora.

As pessoas geralmente são mais motivadas se envolvidas na missão da empresa [*mission*]. Saber que seu desempenho é importante para o grupo motiva-as a fazer sempre melhor e estabelece um sentimento de pertencimento. É essencial fazer com que os colaboradores participem ativamente no planejamento dos objetivos. Se você tem ideias, lembre-se de que não deve apenas comunicá-las; deve também fazê-las viver, de modo que aqueles que o escutam as tornem suas.

6. Os progressos são úteis para motivar.

Fracassos e retrocessos fazem perder a motivação. Qualquer progresso, pelo contrário, faz você querer seguir em frente. No entanto, até mesmo um fracasso é um resultado que pode ser usado para melhorar e crescer. Se você tem a sensação de que está crescendo, a motivação também cresce. Esta lei deve ser utilizada, padronizada e programada para tirar proveito de cada pequeno progresso em termos de motivação.

7. Competitividade saudável motiva.

Uma competição só motiva uma pessoa se esta acredita que tem ao menos uma chance de vitória. Incentivos, prêmios, competições e desafios só são úteis se todos sentirem que realmente podem alcançar o objetivo. Desafie as pessoas para alcançar algo que vale a pena ser alcançado, e, nove em cada dez casos, elas conseguirão.

8. Cada um tem seu detonador motivacional.

Cada um de nós está equipado com um detonador motivacional, mas não se sabe exatamente quando o rastilho poderá se acender. Não é conveniente empurrar uma pessoa para realizar uma atividade, ou melhorar seu desempenho, se não tivermos estudado a fundo quais são os princípios que a impulsionam a melhorar. Cada um de nós tem esse "ponto de explosão" e o motivador hábil deve ser capaz de reconhecê-lo.

9. O pertencimento a um grupo é motivador.

A partilha de valores aumenta o sentido de pertencimento, que, por sua vez aumenta o desejo de harmonia. Quanto menor é a unidade a que se pertence, tanto maior serão a lealdade, a motivação e o empenho. É por isso que, mesmo dentro de uma mesma empresa, é importante a formação de "grupos de pertencimento", e eventualmente, em vários setores: produção, marketing e vendas. As atividades fora da empresa também são úteis para unir as pessoas.

Cada setor participa ativamente na missão [*mission*] da empresa e compartilha a visão [*vision*] com um espírito de harmonia e de força propulsiva que impulsiona para alcançar os objetivos. O importante é o compartilhamento dos valores da empresa.

10. A confiança desencadeia a motivação.

A falta de confiança é um dos grandes inimigos da motivação. Se não confiarmos, não criamos um clima relacional apropriado, e isso causa uma desmotivação geral e estimula a lógica da desconfiança. Portanto, é preciso trabalhar para que a confiança se torne o verdadeiro elo, visto que é o fator motivacional mais forte que existe.

Motivação e objetivos

Como alinhar os objetivos do trabalhador com os objetivos da empresa?

Muitas vezes, a falta de motivação não está vinculada às políticas de incentivo ("*faço o trabalho que me dá um salário melhor*"), nem mesmo às características específicas do papel profissional de um trabalhador em particular ("*faço o trabalho que me agrada e com o qual me identifico*"), mas à percepção de um contraposição entre os objetivos da empresa e os objetivos do trabalhador ("*sinto que me convém ligar meu futuro profissional a essa equipe*").

Conduzi muitas experiências como *mental coach* em equipes esportivas (times de futebol) e pude comprovar que uma das coisas mais importantes é criar harmonia, amalgamar o grupo. Sem isso, nenhum time, mesmo que composto por grandes campeões, pode ganhar o campeonato.

Os campeões de canoagem são um bom exemplo para entender o trabalho em equipe. Todos devem remar na mesma direção. Mas se um ficar parado ou, pior ainda, remar contra, prejudicará toda a equipe. Um campeão de canoagem costumava dizer: "Na água, temos que ser muito unidos, o que conta é o sincronismo entre os remadores e a canoa, eles devem se tornar um corpo único. É uma questão de ritmo e harmonia. Tudo tem que ser perfeito, como um quarteto de cordas num concerto de câmara: mesmo que em uma final olímpica de *quatro sem timoneiro* seja preciso mobilizar 4 *quintali* [400 quilos] de músculos que descarregam nas águas a energia de um moinho, a força deve ser sincronizada e focalizada".

Nas empresas, também é necessário "treinar" o time para a cooperação, para fortalecer cada vez mais o espírito de grupo.

Para um líder, portanto, é muito importante desenvolver a capacidade de comunicar ao colaborador que estão todos do mesmo lado e que a experiência de trabalho terá um impacto positivo também sobre ele.

A ansiedade que a incerteza sobre o futuro induz no colaborador só pode ser curada por meio da comunicação de duas coisas: espírito de equipe e crescimento pessoal.

Espírito de equipe: *"É verdade, vivemos na incerteza, mas nesta aventura você não está sozinho, somos uma equipe e enfrentamos este momento com o entusiasmo certo"*. Lembremo-nos de que a qualidade e a competência não conhecem crises.

Crescimento pessoal: *"Este momento é útil para desenvolvermos nossos músculos emocionais e para melhorar as nossas competências".*

Sempre dê um feedback

É fundamental ajudar os colaboradores a se tornarem melhores do que você. Só assim você também será incentivado a se tornar melhor!

O feedback é o processo pelo qual se fornecem informações de retorno, como recompensa por um comportamento ou uma ação.

Os seres humanos desejam ardentemente uma resposta às suas ações. É uma característica inata da nossa espécie. Todo pai sabe: se ele ignorar uma criança de 3 anos, ela vai tentar obter a atenção de muitas maneiras diferentes, mas, se continuar a ignorá-la, em breve a criança vai começar a chorar ou quebrar alguma coisa, porque qualquer tipo de feedback, mesmo que negativo, é certamente melhor que a ausência total de interação. A ausência total de feedback leva à apatia. Uma criança que não recebe nenhuma resposta quando chora, logo vai parar de chorar e, aos poucos, ficará cada vez mais triste, perdendo a vontade de fazer qualquer coisa, até mesmo de brincar e comer. Já foi provado que as crianças, quando são continuamente ignoradas, param de se alimentar.

Existem muitos estudos sobre crianças educadas em orfanatos, realizados por René Spitz, um psicanalista austríaco naturalizado norte-americano. Os recém-nascidos, se privados por muito tempo de estímulos físicos, tendiam a desenvolver problemas físicos e emocionais, falta de apetite e condições patológicas tão graves e irreversíveis que podiam resultar até mesmo em morte.

Assim, é evidente a importância do contato físico, das carícias que os recém-nascidos recebem por parte daqueles que, em geral, tomam conta deles.

Alguns pensam que este princípio se aplica somente às crianças, mas na realidade é ainda mais válido para os adultos.

Os colaboradores não são diferentes. Se você eliminar o feedback, suas mentes irão elaborar outro, pessoal, muitas vezes com base em suas ansiedades, medos e angústias; então eles vão começar a fantasiar: *"Ele não me disse nada porque tem algo contra mim"* ou, pior, *"Ele não diz nada porque estamos em crise; já deve estar pensando em como nos demitir"*.

Além disso, devemos considerar que os seres humanos anseiam por um feedback real, baseado em dados concretos, não simples comentários tranquilizantes e condescendentes (*"Não se preocupe, você é um bom profissional, sempre faz tudo muito bem"*).

Os bons resultados exigem um feedback contínuo e, se você espera o melhor de seus colaboradores, precisa necessariamente estar atualizado em relação aos números e ao que eles significam. Os melhores motivadores fazem sua lição de casa e sabem sempre qual é a realidade dos fatos, partilhando isso com os seus colaboradores.

Seja um exemplo

Ninguém pode mudar uma pessoa, mas uma pessoa pode ser a razão pela qual alguém muda.

Você esteve em uma livraria nos últimos dez anos? Reparou a quantidade de livros escritos pelos assim chamados "gurus"? O guru do marketing, o guru do desenvolvimento pessoal, o guru do *web* marketing, do neuromarketing, do *self brand*, das finanças e todos os outros.

Estamos na era dos gurus. Você sabe por quê? Em um momento de incertezas como este em que vivemos, as pessoas estão sempre à procura de exemplos a seguir, de alguém que tenha feito algo e venceu, porque fez bem. Nada é mais motivador do que um exemplo concreto de sucesso a ser seguido. Se eu vejo que uma pessoa é mais ou menos parecida comigo e foi bem-sucedida profissionalmente, vou me convencer de que isso também é possível para mim.

Quando você está na linha de frente e resolve os problemas por conta própria, encoraja os outros a fazerem o mesmo; quando você faz as coisas que gostaria que eles fizessem, você os inspira. Procure, portanto, ser uma fonte de inspiração. Os colaboradores preferem ser inspirados, em vez de repreendidos ou corrigidos, mais do que qualquer outra coisa. Isso porque, hoje, estamos todos à procura de orientação pessoal. Todos buscamos modelos para seguir. Que direção damos à nossa vida? Essa é uma das grandes perguntas que nos fazemos todos os dias.

Em termos de motivação, ser um exemplo tem um impacto maior e mais duradouro do que qualquer outra técnica, e muda as pessoas de modo mais profundo e mais completo.

Ser um exemplo tem um enorme poder sobre os outros, uma vez que estimula uma série de mecanismos psicológicos relacionados à aprendizagem. Então, seja aquilo que você gostaria de ver nos outros.

Se você é o diretor de uma empresa e quer que seus colaboradores sejam mais positivos, seja mais positivo; se você quer que eles tenham mais orgulho daquilo que eles fazem, tenha mais orgulho do seu trabalho. Mostre a eles como se faz. Você quer que eles tenham boa aparência e que se vistam profissionalmente? Faça primeiro. Você quer que eles sejam pontuais? Chegue até mais cedo e explique por que você aprecia esse comportamento. Esclareça o que a pontualidade significa para você e comece sempre a conversa com uma mensagem positiva.

Não perca de vista o resultado

Na vida não existem fracassos, apenas resultados!

Se você é um diretor, o tempo que dedica ajudando um colaborador produtivo aumenta a produção de sua equipe, mais do que o tempo que você gasta com um colaborador improdutivo. Os líderes devem simplificar, simplificar e simplificar novamente. Não devem fazer o que se faz normalmente: complicar, tratar de diversas coisas ao mesmo tempo e novamente complicar. Mantenha as coisas o mais simples possível para os improdutivos, concentrando-se unicamente nos resultados. Passe sempre mais tempo com os produtivos, que estão em busca daquele estímulo que podem receber de você. Os improdutivos, no entanto, têm que aprender uma grande lição: todos os dias, podem perceber que sua produtividade é o resultado direto da sua vontade (ou falta de vontade) para alcançar um determinado resultado. Ao se concentrar nos resultados, você conquistará sempre aquilo pelo qual se empenha intensamente. Se você polarizar a sua atenção apenas nas atividades, eis o que conseguirá: muitas atividades. Mas, se você se concentrar nos resultados, então você terá muitos resultados.

Esteja consciente de sua própria comunicação

A palavra foi dada ao ser humano não para que manifeste seus pensamentos, ou os esconda, mas para agir conscientemente.

Comunique-se conscientemente e esteja ciente do efeito das suas palavras. Hoje, mais do que no passado, a comunicação é a nossa força vital, e é também a força vital de todas as empresas. No entanto, muitas delas ainda confiam sua comunicação ao acaso, ao "bom senso", ou a tradições antigas que já não são adequadas, para manter um bom nível de informação que envolva todos nas estratégias assumidas.

A comunicação é a fonte da confiança e do respeito dentro de qualquer tipo de organização. Assim que aumentamos nossa consciência em relação à importância da comunicação, esta é potencializada. Quando assumimos total responsabilidade pela maneira como nos comunicamos, a organização é fortalecida.

A palavra é a mãe do pensamento e cria representações mentais. Certas palavras parecem possuir um poder mágico formidável. As palavras comunicam cenários, energia, emoções, possibilidades e até mesmo medos. Tudo isso evidencia a importância das palavras que pronunciamos e, acima de tudo, do modo como são pronunciadas.

Uma dívida como resultado de um investimento de curto prazo que não está dando os resultados desejados pode ser comunicada de duas maneiras: *"Estamos arruinados, estamos cheios de dívidas, não temos um centavo"* ou *"É um momento difícil, vamos apertar os cintos para sermos todos mais fortes e conseguirmos aquilo que tínhamos proposto"*. A liderança se baseia na sua vontade pessoal e interior.

O lamento não se baseia na vontade, mas no fato de nos percebermos como vítimas das circunstâncias e da opinião dos outros. A vítima está sempre obcecada com o que os outros pensam.

Passar o dia todo obcecados com a opinião dos outros é a maneira mais rápida de perder o entusiasmo pela vida. É a maneira mais rápida de perder a energia fundamental que nos permite fazer tudo aquilo de que nos orgulhamos. Você já deve ter notado que as crianças não parecem ter essa preocupação: quase todas elas, quando estão fazendo algo que as diverte muito, parecem esquecer que alguém as está observando e até mesmo esquecer o mundo exterior. Estão completamente absorvidas. Os grandes líderes fazem a mesma coisa.

As palavras se tornam um corpo

A capacidade de escutar é tão importante quanto a capacidade de dar o significado correto às palavras.

Escolher os pensamentos certos é fundamental.

O que quer que você esteja enfrentando, lembre-se de que a maneira como você olha para o problema determinará a solução, ou não. As palavras que utilizamos são tão importantes quanto o ar que respiramos. Os pensamentos estão diretamente ligados ao corpo.

Os pensamentos tornam-se estado de espírito, e o estado de espírito determina o modo como enfrentamos as coisas. A palavra se faz corpo e nos encoraja com a emoção associada. Por exemplo, um pensamento pode causar em nós uma sensação de medo e, portanto, uma reação fisiológica correspondente. A mesma coisa acontece quando o medo nos encontra e começamos a associar uma sequência de pensamentos correspondentes. As palavras que utilizamos para transmitir a experiência tornam-se a nossa experiência.

Por que somos mais inclinados a utilizar palavras negativas?

Porque temos um cérebro emocional sintonizado no modo de alerta, que nos faz exagerar as coisas negativas. Por exemplo, entre as emoções primárias, as que temos desde crianças, 4 são "negativas" (raiva, tristeza, desgosto, medo) e só uma é positiva (alegria). Isto condiciona também o nosso modo de falar. Também é verdade que nós, seres humanos, evoluímos em condições ambientais adversas em que, para sobreviver, eram necessárias, de preferência, emoções como medo ou raiva. Os momentos agradáveis eram poucos, e esse legado condicionou nossa linguagem.

Em todas as línguas ocidentais, as palavras que descrevem as emoções negativas (2086) são, em média, o dobro daquelas que expressam emoções positivas (1051). É por isso que, culturalmente falando, somos mais experientes no mal-estar e na reclamação. Devemos, portanto, aprender a utilizar nosso vocabulário com mais cuidado, apropriando-nos cada vez mais de palavras positivas, porque, linguisticamente, quanto mais palavras tivermos para descrever algo, mais significa que a conhecemos. Se tivermos mais palavras para descrever estados de espírito negativos, corremos o risco de conhecer melhor essas sensações e isso não nos ajuda em nossa escalada rumo ao bem-estar.

É hora de "acordar" para encontrar **entusiasmo** perante a vida. "Entusiasmo" é definitivamente uma das minhas palavras favoritas. Ela deriva do grego *en*, "dentro", e *thèos*, "deus". Deus dentro. O entusiasmo não é um estado de espírito, mas o divino dentro de nós.

As palavras tecem a nossa realidade!

Nunca desista de aprender!

A vida muda constantemente, e por isso é fundamental jamais interromper o seu desejo de conhecimento. Se você tem um cargo de chefia ou direção, poderá mostrar aos seus colaboradores que você continua aprendendo.

Não tenha sempre aquela atitude de senhor "sabe-tudo". Mostre que, em você, existem "obras em andamento": assim será mais fácil e mais motivador para eles seguirem você.

Todos nós podemos aprender algo novo, todos os dias, sobre nossa profissão. Aos poucos, podemos incrementar nossos conhecimentos, aumentando a nossa competência profissional e a nossa capacidade para ajudar os outros. A felicidade é crescimento interior, é a possibilidade de liberar nosso potencial para nos tornarmos melhores.

O segredo do sucesso está centrado em 5 dimensões: curiosidade, flexibilidade, capacidade de assumir riscos, resiliência e otimismo.

- **Curiosidade**: desejo de explorar novas oportunidades.

- **Flexibilidade**: capacidade de mudar atitudes, crenças e comportamentos, dependendo da situação. A flexibilidade é uma das dimensões mais importantes, porque ajuda a enfrentar com eficácia os imprevistos.
- **Coragem de assumir riscos**: capacidade de realizar ações, mesmo que as consequências e os resultados não sejam certos. Por trás de todo empreendimento de sucesso existe alguém que tomou uma decisão corajosa.
- **Resiliência**: capacidade de enfrentar com o sucesso as adversidades e os momentos de crise, e de exercer o seu poder pessoal, apesar dos obstáculos;
- **Otimismo**: capacidade de encarar as novas oportunidades como possíveis e viáveis, e de se concentrar sobre as possibilidades e não sobre os seus limites.

Para obter mais do que você tem, é preciso se tornar mais do que aquilo que você é. Se você não mudar o que é, sempre terá aquilo que você tem.

✓ Resumindo

O que significa motivação?
O termo "motivação" deriva literalmente de "motivo" e "ação", que é o motivo que nos leva a realizar uma determinada ação. Em outras palavras, é o conjunto dos objetivos que impelem uma pessoa a agir e a pôr em prática um comportamento direcionado para os objetivos a serem alcançados.

Como motivar os filhos?
Convém treiná-los desde cedo a acreditar em si mesmos e, coerentemente, acreditar em seu potencial. A aprendizagem se fundamenta em acreditar, isto é, na confiança que uma criança deposita em seus pais. A confiança é um dos fatores mais motivadores que existem. *"Confio em você, meu filho, e vou apoiar o seu talento e a sua vocação."*

Qual é o segredo para ter colaboradores motivados?
Estar satisfeito com o que fazemos é a alavanca motivacional mais poderosa. Colocar a pessoa certa no lugar certo é essencial para evitar conflitos e quedas de rendimento. O colaborador deve sentir-se parte integrante do progresso da empresa e saber que sua contribuição é fundamental para o sucesso nos negócios. Os valores devem ser compartilhados e os objetivos devem ser motivadores.

Por que sempre precisamos dar feedback?
Porque os seres humanos anseiam por uma resposta às suas ações. É uma característica inata do gênero humano. Os colaboradores não são diferentes. Se você negligenciar o feedback, suas mentes irão elaborar outro, pessoal, muitas vezes com base em suas ansiedades, medos e angústias; assim, vão começar a fantasiar: *"Ele não me disse nada porque tem algo contra mim"*, ou pior, *"Ele não diz nada porque estamos em crise, ele já deve estar pensando em como nos demitir"*.

Esteja consciente de sua própria comunicação.
Hoje, mais do que no passado, a comunicação é a nossa força vital, e é também a força vital de qualquer

empresa. No entanto, várias delas ainda confiam grande parte de sua comunicação ao acaso, ao "bom senso", ou a tradições antigas que já não são adequadas. Assim que aumentamos a nossa consciência em relação à importância da comunicação, esta é potencializada. Quando assumimos total responsabilidade pela maneira como nos comunicamos, a organização é fortalecida.

7

TER AUTOESTIMA E AUTOCONFIANÇA

Autoestima

Quando você reclama, sua autoestima diminui, e seu cérebro fica impregnado de desconfiança.

Qual é a importância de se ter uma boa autoestima? A autoestima é o sistema imunológico da consciência e nos permite enfrentar com mais confiança as aventuras da vida.

A medicina contemporânea comprovou que "não gostar de si mesmo", não ter autoestima, está na raiz de muitas doenças. Na verdade, a falta de amor-próprio enfraquece o sistema imunológico e tem um papel determinante nas chamadas doenças orgânicas. Para compreender melhor esse fenômeno, saiba que hipertensão, infarto, obesidade, dor de cabeça, colite, gastrite, asma e doenças alérgicas podem ser causadas também por nossa incapacidade de estabelecer um bom relacionamento conosco mesmos e, portanto, pela baixa autoestima.

Para recuperar a autoestima, é necessário eliminar os laços entre o mal-estar e suas causas. Temos que aprender a afastar os pensamentos que minam nossa autoestima e começar a fazer algo que não fazemos há algum tempo só porque temos um medo associado a esse comportamento. Temos que enfrentar aquilo que nos bloqueia com determinação e sabedoria. Com a força do medo, escapo do problema. Digo: "Medo, acompanhe-me nesta ação e depois vá embora. Utilizo você para me libertar!"

Às vezes nos sentimos em um círculo vicioso e já não acreditamos que é possível melhorar nossa qualidade de vida. Existem momentos sombrios que nos bloqueiam. Mas eles são precisamente a nossa salvação.

Uma das estratégias para sair deste círculo vicioso mental se baseia em fazer uso de um recurso que todos nós temos, que é a capacidade de olhar as coisas de um modo diferente. O segredo é "nos tornarmos quem somos", e podemos fazê-lo, favorecendo a intuição em detrimento da análise, a espontaneidade em detrimento do autocontrole. Primeiro, precisamos parar de julgar nossos estados interiores e de querer corrigi-los a todo custo, e começar a aceitá-los, pois eles são a expressão mais pura da energia que vive em nós. Aceitando os estados de espírito tais quais eles são, optamos decididamente pelo nosso bem-estar e elevamos o nível de nossa autoestima.

A autoestima está diretamente relacionada com a força de vontade: quanto mais realizamos o que queremos (e, portanto, mais força de vontade temos disponível), melhor nos sentiremos interiormente e maior será a nossa autoestima. Mas a verdadeira força de vontade não tem nada a ver com fixar-se em uma ideia, com pensar em algo e repensar constantemente, ou com um esforço intenso realizado para alcançar um objetivo. É, antes de tudo, uma energia muito diferente da obstinação e da teimosia: surge naturalmente (e, com ela, a verdadeira autoestima), quanto mais livre a consciência está das influências do ambiente, das crenças limitantes e dos deveres. A vontade não conhece obstáculos e é capaz de manifestar-se espontaneamente e sem esforço: o que desejamos é alcançado com facilidade e a autoestima flui espontaneamente.

Convém saber que existe em nós uma força de vontade "escondida", muitas vezes incompreensível e imprevisível, que corresponde à nossa verdadeira natureza. É essa força que é ativada toda vez que superamos uma dificuldade ou alcançamos um objetivo importante.

Essa força, qualquer que seja seu modo de expressão, tem uma característica: a **singularidade**. Fazer isso pertence somente a nós, leva a nossa marca inconfundível.

Deixe transparecer a sua singularidade!

Exercício prático

Agora você pode fazer este exercício para compreender o nível de sua autoestima.

Como me vejo?
_____
_____
_____
_____

O que penso de mim?
_____
_____
_____
_____

Estou seguindo o meu "caminho"?
_____
_____
_____
_____

Como eu gostaria de ser?
_____
_____
_____
_____

Existe muita diferença entre o que sou e aquilo que eu gostaria de ser?
_____
_____
_____
_____

Se a diferença for muito grande, significa que a autoestima é reduzida.

A autoestima e a infância

Um adulto que sente que não possui uma boa autoestima e compreende que se trata principalmente do efeito de uma infância pouco serena, o que ele pode fazer para melhorar a sua condição?

A resposta está contida em uma jornada introspectiva. O passado, pelo qual não fomos responsáveis, não tem como mudar, mas cada indivíduo tem a oportunidade de construir, por meio de um caminho muitas vezes doloroso, a própria identidade. O mito do carro alado e do cocheiro, que Platão utiliza em *Fedro* para explicar a teoria da Reminiscência da alma, pode ser útil para ilustrar a consciência potencial de cada indivíduo. A vida que nos pertence pode ser imaginada como uma carruagem alada puxada por dois cavalos, um branco e outro preto. Enquanto formos apenas passageiros e não tivermos ainda conduzido a carruagem, não poderemos fazer muito para tomar as rédeas e decidir o destino. Em um certo momento da vida, ao termos a oportunidade de segurar as rédeas, dependerá apenas de nós fazer avançar o cavalo preto ou o branco.

Cada indivíduo, no caminho da sua existência, tem a oportunidade de decidir o que fazer de sua vida. O indivíduo preso pelo efeito de seu passado pode se tornar o herói de sua vida libertando-se do resíduo que sobrou. É inútil odiar o passado ou amadurecer sentimentos de vingança e de ódio/amor contra as figuras representativas da nossa infância, mesmo que a tentação seja grande. Muitas vezes, aqueles que nos educaram deram o melhor de si, ainda que não estivessem em condições de conduzir a carruagem da sua vida de um jeito diferente do que fizeram e por isso não merecem os nossos sentimentos negativos. O que podemos fazer é agir sobre o agora. Podemos, portanto, fazer uma análise crítica construtiva, considerando nossas características, nossos defeitos e nossas neuroses. Apenas o nosso abraço caloroso favorecerá essa compreensão, indispensável para chegar a uma verdadeira consciência. Somente a pessoa consciente pode finalmente libertar-se do seu fardo cheio de lembranças e sentimentos negativos. Na viagem da vida, podemos escolher quais ingredientes utilizar para reforçar a nossa autoestima.

A insegurança excessiva é inimiga da autoestima

Fala-se tanto dessa insegurança que, em determinado momento, você pode ser tentado a pensar que a falta de autoconfiança é mais um modismo.

Infelizmente não é assim: ansiedade, depressão, fobias e distúrbios sexuais afetam mais frequentemente aqueles que não acreditam em si mesmos, que sempre têm medo de ser inadequados, que têm medo de se expor por pensarem que não estão à altura da situação, ou seja: os inseguros. Embora um pouco de insegurança ajude a viver bem e a não tomar nada por garantido, quando se torna excessiva, ela bloqueia a expressão natural do indivíduo.

De onde vem a insegurança? Muitas podem ser as razões do seu aparecimento, mas, sem dúvida, tudo começa das raízes, da famosa "base segura". Mais precisamente, em geral a insegurança caracteriza quem foi excessivamente punido por seus erros desde criança e, ao mesmo tempo, nunca foi elogiado por seus sucessos; quem conheceu obstáculos nas suas iniciativas e na procura por autonomia; aqueles que tinham pais ansiosos; ou quem não foi desejado ao nascer, que foi sempre tratado com insultos diretos ("Você é estúpido", "Você é um incapaz", "Você é um tolo"), que foi forçado a ser um súdito dos pais, mais do que um filho.

Estas mensagens, se não forem resolvidas, pode ser reforçadas ao longo do tempo até se tornarem "realidade" para a pessoa que foi exposta a elas. Essas "realidades" se transformam em angústia, em medo de enfrentar os desafios que a vida oferece, em posições de vida inadequadas.

Mas quais são as regras práticas para superar a insegurança?

"Quem se gaba se acaba"

O que aprendemos quando crianças permanece conosco por toda a vida, e é a partir da infância que somos informados, com maior ou menor ênfase, do fato de que "não fica bem" falar dos nossos próprios sucessos, porque se gabar é falta de educação. Em obediência às férreas leis da humildade, chega-se à negação de si mesmo, surgindo daí uma parte da própria insegurança. Vale a pena refletir sobre isso, a fim de nos libertarmos desse legado da infância: se você faz algo bom, é positivo apreciar os resultados pessoais e talvez recompensar-se.

Preste atenção, porém, ao efeito contrário. Muitos exageram ao contar vantagem, mesmo não fazendo coisas de grande valor. Ao contrário, aumentam a dimensão de suas ações para ostentarem segurança, capacidade e elevado sentido de qualidade. Esta é uma forma de insegurança; essas pessoas vivem mal o relacionamento consigo mesmas. E, neste caso, a solução é ser fiel a si próprio, sempre e apesar de tudo. Não tenha medo de ser você mesmo com suas qualidades, suas virtudes e seus defeitos.

Cada pessoa, em seu verdadeiro ser, realiza a sua singularidade, a sua identidade única em um mundo que nos quer todos iguais, todos fotocópias. O que importa somos nós, é o nosso núcleo. A nossa essência é a única coisa que permanece quando a tempestade da vida nos priva do que pensávamos ser indispensável; é o nosso recurso mais verdadeiro, indestrutível e inalienável; é o farol que ilumina o caminho, levando-nos pela mão para concretizarmos a nossa natureza e nossa profunda felicidade.

Despir a veste do perdedor a todo custo

Eis um passo indispensável para começar a ter confiança em si mesmo. Os inseguros tendem, de fato, a assumir todas as culpas, a acusar-se demasiado, a permanecer na sombra, mesmo quando suas ações os tornariam protagonistas. E o problema é que, na vida, há pessoas que estão esperando para encontrar um bode expiatório sobre o qual possam descarregar suas responsabilidades e (por que não?) as suas frustrações.

A insegurança as aprisiona em um papel de perdedores, que os outros tendem a reforçar com abusos, prepotências e várias formas de falta de respeito. Em suma: se nos comportarmos como perdedores, seremos tratados e considerados como tal, e nos afundaremos cada vez mais em uma espiral perversa que só pode ser quebrada pela mudança de atitude.

Descubra pelo menos 3 lados positivos de si mesmo

Para simplificar esta tarefa, é aconselhável tomar caneta e papel e fazer uma breve descrição de sua personalidade, tendo o cuidado de se concentrar nos aspectos mais favoráveis. Depois de ter escrito pelo menos 3 características positivas, físicas ou de personalidade, é importante aproveitar cada ocasião para fortalecê-las e sublinhá-las.

Aprenda a aceitar os elogios

Não devemos pensar que os elogios sejam excessivos ou imerecidos e, acima de tudo, não, você não precisa suspeitar que eles são sempre ditados por falsidades ou pelo desejo de iludir. Pessoas inseguras sempre se sentem muito desconfortáveis diante de um elogio ou de uma valorização, por isso normalmente interrompem o interlocutor com frases do tipo: *"Nada disso, foi apenas um golpe de sorte, não é verdade que sou tão bom"*, sentindo ao mesmo tempo que mergulham no abismo do constrangimento.

Em vez disso, você deve rever a sua atitude em relação a isso e convencer-se de que, se uma pessoa quer elogiar a outra, nem sempre é impulsionada por maus instintos (do tipo: "Por detrás de um elogio sempre se esconde uma armadilha"), mas que muitas vezes está simplesmente expressando, com sinceridade, algo gentil, merecido e desinteressado.

Todos nós precisamos de gestos que nos façam sentir importantes e reconhecidos pelos outros. É como se houvesse, em cada um de nós, uma necessidade inata de carícias físicas ou verbais. É claro que o mais importante, como dissemos, é que tais manifestações sejam espontâneas, leais e sinceras.

Pare de se menosprezar

Este é outro passo a ser dado para ganhar maior autoconfiança. Não é fácil, já que é na infância e na adolescência que se estabelecem as bases da autoestima. Se durante este período não tivermos recebido o apoio e o impulso para realizarmos a nós mesmos, um amor-próprio reduzido estará sempre à espreita. Muitos italianos dizem que se sentem mal porque se estimam pouco. Baixa autoestima quer dizer estar sempre se julgando de forma negativa, prestando muita atenção ao que os outros pensam, sempre se concentrando nos fracassos. Tudo isso nos causa insatisfação e gera dificuldades.

Mesmo nas relações interpessoais, aquele que tem baixa autoestima pensa que, seja qual for a relação que ele estabelecer, "certamente" vai dar errado, e procura ou induz todos aqueles comportamentos que confirmam a sua convicção. Trata-se de uma profecia que se autorrealiza e que leva a pessoa a fechar-se num isolamento relacional que confirmará o *script* que ela mesma escreveu.

Os 5 assassinos da autoestima: ansiedade, comparações, inveja, perfeccionismo e reclamação

1. A **ansiedade**: "*Nunca vou conseguir fazer isso!*". A vida toda se transforma num exame. "Controle" e "esforço" são as palavras-chave que nos levam a sentirmo-nos mal. A ansiedade é toda rebelião que você leva dentro de si mesmo, todo desejo não expresso de viver que habita no seu interior, é a raiva contida, o desejo, o *eros*, o prazer que você bloqueou. O ansiosos se obrigam a manter relacionamentos difíceis, se esforçam, exigem muito de si mesmos, estão presos demais ao sentido do dever. Para eles, a vida requer esforços constantes. Mas não é assim. Dizia Krishnamurti: "Viver não cansa, somos nós que tornamos a vida cansativa", e a ansiedade é o símbolo desse esforço, que vem do fato de nos opormos ao que está dentro de nós, à verdade que está dentro de nós.

Solução: *"Você vai conseguir!" Contemple a vida correr como um rio, deixando as sensações e escolhas surgirem livremente. Demore o tempo que precisar para fazer as coisas. Não se feche em situações castradoras. Perceba o que acontece ao seu redor. Talvez você precise de uma rebelião saudável para redescobrir o prazer que perdeu... Coragem!*

2. Comparações e julgamentos: ao contrário dos adultos, as crianças tendem a agradar a si mesmas espontaneamente, sem se julgarem. O germe da baixa autoestima não é inato. São os pais que, com o objetivo de "incentivá-las", as habituam a fazer comparações contínuas entre suas ações e o comportamento dos outros. "Observe o filho daquela senhora, ele sim é um bom filho", essa é uma das frases mais destrutivas que podem ser ditas pelos pais. Muito provavelmente, a criança, quando se tornar adulta, pensará que os outros são sempre melhores do que ela, com provável impacto sobre o seu rendimento. Além disso, o bloqueio do desempenho leva a uma inibição das potencialidades do indivíduo. Pior ainda é quando se fazem julgamentos definitivos: "Você não vai ser capaz de fazer nada na vida, é um idiota!".

Solução: *"Todo mundo está OK". Pare de pensar em todas as frases que lhe disseram. Você não é isso. Dentro de você existem partes autênticas que desejam se expressar. Permita-se viver, livrando-se dos pesos que você carrega há* *tanto tempo. Deixe extravasar o seu talento. Você é muito bom exatamente do jeito que é.*

3. Inveja: julgamentos e comparações contínuos não fazem mais do que alimentar a tendência para a inveja em relação aos outros, que acabam parecendo "mais felizes", "mais inteligentes", "mais bonitos". O sucesso dos outros é uma derrota pessoal.

Solução: *"Você também é especial." Se você é muito invejoso, significa que você não ama, não gosta de si mesmo. Então, a partir desse momento, quando você sentir inveja, não a afaste, não reaja como você sempre fez. Tente entender por que você está sentindo isso. Escute-a. Se fizer isso, você abrirá uma oportunidade de crescimento para si mesmo. Porque você não vale menos do que os outros. Você também pode alcançar os seu objetivos, se começar a acreditar em seu potencial. A inveja faz você perder tempo, faz você se sentir mal e não o ajuda a viver e a realizar seus sonhos. Pense nisso... e ame-se mais!*

4. Perfeccionismo: a frustração por não conseguir superar alguma das assim chamadas "fases da vida" e a ansiedade de não ser capaz de alcançá-la, colocam-nos diante de sentimentos de inadequação bastante difíceis de lidar. Neste ponto, há duas coisas a fazer: ou nos deixamos abater pela falta de autoestima, ou utilizamos os nossos recursos para alcançar nossos objetivos. E assim começa a corrida para a melhoria daqueles aspectos de nossa pessoa que, em referência a um modelo considerado "bem-sucedido", nos parecem deficitários. E assim nos submetemos a cirurgias estéticas, adquirimos produtos de falso bem-estar, fazemos imenso esforço para dar o melhor de nós em atividades que só nos interessam por estarem "na moda", aceitamos uma alta dose de estresse e um excesso de trabalho para garantir um padrão de vida comparável ao dos outros.

Ou seja, uma corrida rumo à infelicidade, na qual, na tentativa de nos "reforçarmos" e "melhorarmos", não fazemos mais do que consolidar a convicção de que, do jeito que estamos, não vai bem.

Solução: *"O mundo também precisa de seus erros. As imperfeições têm o seu charme". Descartemos os esquemas, as regras predeterminadas, as falsas necessidades, e aprendamos a ouvir a nós mesmos, agindo como nossa verdadeira natureza sugere. A mente, sozinha, reencontrará a criatividade e o bem-estar. É inútil tentar ser o que você não é, representar o papel do "personagem em busca de um autor". Nossa época tem o maior número de distúrbios psicológicos e, se continuarmos assim, as estatísticas indicam que o número aumentará cada vez mais. Este é um sinal claro que nos faz perceber que estamos indo na direção errada, que este modo fanático de enfrentar a vida só serve para nos fazer mal.*

Para você que está lendo este livro: não fique apenas na leitura, tente fazer brotar dentro de você um novo ser, enriquecido por aquela substância original e única chamada talento.

5. Reclamação: depois de ler este livro, você já sabe por que o quinto assassino da autoestima é a reclamação e sabe o que pode fazer para evitar que, mais tarde, esse vício diminua a sua autoestima.

Se você tem tempo para lamentar-se, tem tempo para mudar aquilo de que se lamenta.

Anthony J. D'Angelo

Cinco estratégias vencedoras para conquistar e manter a autoestima

1. Não dê ouvidos às críticas que o machucam.
Se alguém criticar você, em vez de olhar para si mesmo em busca do seu erro, verifique de que púlpito vem o sermão. O objetivo não é acusar o outro, mas ter um ponto de vista mais distante e imparcial.

2. Contradizer-se ajuda você a se sentir bem.
Assumir uma identidade muito rígida nos faz perder contato com a mutabilidade da alma. Ser flexível significa saber mudar de ideia.

3. Não fale mal de si mesmo.
Existem palavras que fazem parte do nosso modo habitual de nos expressarmos. Geralmente são adjetivos, superlativos e termos depreciativos: terríveis inimigos de nossa autoestima. Devem ser banidos do nosso vocabulário porque nos congelam num papel estático e restringem nossas energias criativas.

4. Limite a autocrítica.
"Deixar-se criticar" é um lugar-comum que fere a nossa autoestima: melhor aprender a reconhecer nossas qualidades.

5. Procure a inquietude, não a absoluta calma.
Nos momentos de tranquilidade ou de serenidade aparente, não se coloque o tempo todo na defensiva, pronto para evitar qualquer coisa que possa perturbar a quietude alcançada. Certifique-se de que de vez em quando a inquietude possa encontrar você, porque, como dizia Carl Gustav Jung, "a inquietude é uma força que nos impulsiona a progredir, a buscar, a estar acordados e receptivos".

Para recuperar a autoestima, é necessário dissolver os laços entre o mal-estar e suas causas. Devemos aprender a espantar os pensamentos que minam a nossa autoestima.

✓ Resumindo

Qual a importância de se ter uma boa autoestima?
A autoestima é o sistema imunológico da consciência e nos permite enfrentar com mais confiança as aventuras da vida.

A insegurança excessiva é inimiga da autoestima?
Sim, porque bloqueia a expressão natural do indivíduo, que sempre se sente inseguro ao lidar até com as coisas mais simples. O medo de cometer erros e de causar uma má impressão está sempre à espreita. Devemos nos livrar dessa crença limitante e nos permitir "errar". Os erros também servem para aprender a viver.

Existem regras práticas para superar a insegurança?
Sim, uma delas é despir as vestes de perdedor até às últimas consequências para começar a confiar em si mesmo. Os inseguros tendem, na verdade, a assumir toda a culpa, a se desculpar demais, a permanecer na sombra, mesmo quando suas ações os transformariam em protagonistas. E o problema é que na vida há pessoas que estão esperando para encontrar um bode expiatório sobre o qual possam descarregar as suas responsabilidades e (por que não?) as suas frustrações. Mudar é possível!

Quais são os 5 assassinos da autoestima?
A ansiedade, as comparações, a inveja, o perfeccionismo e a reclamação.

Cinco modos de comportamento que minam constantemente a autoestima e não nos permitem viver a vida com serenidade. Dar-se a permissão para libertar-se destas dinâmicas internas é o primeiro passo para começar a encontrar um equilíbrio interior.

8

AGIR COM ENTUSIASMO

Os 13 mecanismos fundamentais para o desenvolvimento pessoal

Existem algumas coisas que podemos fazer para melhorar a nossa qualidade de vida e desenvolver as nossas capacidades. Acompanhemos atentamente quais são estes mecanismos que podem nos ajudar.

1. Evitar julgar e reclamar!
A reclamação aumenta a probabilidade de as coisas piorarem. Ele não está ligado a uma condição, mas a uma maneira de lidar com a vida. O julgamento destrutivo aumenta o medo de sermos julgados.

2. Aproveitar as oportunidades!
A sorte se manifesta quando as competências encontram uma oportunidade! O foco deve se concentrar nas competências (os famosos 3Cs Conhecimento, Capacidade, Comportamento). Devemos estar prontos,

porque o mundo está cheio de oportunidades para aproveitarmos.

3. Paixão!
É o combustível que nos faz alcançar o nosso verdadeiro potencial! Quando você descobre seu talento, quando se sente coerente com o que faz, acende-se um fogo dentro de você. Não há grandeza sem o desejo apaixonado de ser grande e de fazer coisas grandes!

4. Clareza em termos de valores!
Clareza em relação ao que é bom e ao que é ruim para nossa existência! São os valores, os juízos fundamentais de natureza ética, social e prática, que direcionam nossas vidas.

5. As estratégias!
Devemos estar conscientes de que mesmo os melhores talentos e ambições precisam encontrar o caminho certo para se expressar. Se as estratégias estão em contradição com os nossos valores, nem mesmo as melhores táticas funcionarão.

6. As crenças!
As crenças têm um tremendo poder sobre nós e sobre a nossa realização pessoal e profissional. Podem ser limitadoras ou potencializadoras, podem ajudar ou, pelo contrário, ser um obstáculo, sem que nos demos conta disso. Aquilo que julgamos verdadeiro, aquilo que acreditamos ser possível, torna-se a nossa realidade, o nosso modo de agir. É importante ter crenças potencializadoras como: *Acredito em mim e confio em mim!*

7. As decisões!
As decisões que tomamos mudam a nossa vida e tornam-se a nossa história. Que decisões mudaram a sua vida? E quais são as próximas a tomar?

8. A perseverança e a determinação!
Você nunca terá fracassado enquanto continuar a tentar!

Os erros são um fato da vida. É a resposta ao erro que realmente importa!

O que nos faz atingir os objetivos não é a força, mas a determinação! O talento não é suficiente: é preciso ter tenacidade, é preciso estar "faminto", é preciso ser normal, mas pensar "fora da caixa", como alguém extraordinário.

9. O estado psicofísico!
O comportamento humano é o resultado do estado de espírito em que o indivíduo se encontra. O estado de espírito depende de como cuidamos do nosso corpo, por meio dos movimentos, da respiração, da alimentação e do estilo de vida. Devemos cuidar do nosso corpo. Sem ele, tudo se apaga.

10. Clareza em termos de objetivos!
É a capacidade de criar objetivos brilhantes e estimulantes. Se você tem um "porquê" forte o suficiente, poderá suportar qualquer "como". Os objetivos são tão importantes quanto o caminho para alcançá-los. Nas palavras de Sêneca: "Não existe vento favorável para o marinheiro que não sabe para onde vai".

11. A capacidade de criar laços!
As pessoas de sucesso têm em comum a extraordinária capacidade de criar laços com os outros, de desenvolver relacionamentos com indivíduos de todo tipo. A beleza da partilha abre a nossa vida aos outros e impede que a solidão (negativa) ganhe vento favorável.

Sem vínculos, todo sucesso é inútil.

12. Comunicação!
Saber ouvir, partilhar, transmitir uma visão, uma aspiração, uma alegria. A comunicação é tudo: nascemos graças à comunhão e vivemos de palavras, olhares e abraços.

13. Reze, ame e viva!
Sua maior alegria será encontrada quando você se sentir próximo de Deus e, para chegar a isso, procure a oração. É uma alegria sentir dentro de si o reino do amor e ter a sensação de estar "vivo".

A oração é uma prática poderosa que abre o nosso coração para Deus. Faz muito bem e nos conecta com um fluxo benéfico.

> Deus fornece o vento, mas é o homem quem deve içar as velas.
>
> Santo Agostinho

As feridas podem melhorar nossa vida

No Japão, quando um objeto quebra, é reparado com ouro, porque os japoneses consideram que um vaso partido pode se tornar ainda mais bonito do que era originalmente.

Esta técnica de reparação tem o nome de *kintsugi* ou *kintsukuroi* (literalmente, "reparar com ouro"), e consiste em colar os fragmentos quebrados do objeto com um verniz de laca amarelo-avermelhado natural e em preencher as fendas que percorrem a obra reconstituída com pó de ouro (mais raramente com prata ou cobre). O resultado é incrível.

A dor, para os japoneses, não encarna um sentimento de vergonha, a ser erradicado ou ocultado, bem como a imperfeição estética não representa um elemento capaz de destruir a harmonia de uma figura; as rachaduras de objetos quebrados não devem ser escondidas ou disfarçadas, mas valorizadas, assim como as cicatrizes. Os defeitos físicos e as feridas da alma não devem ser escondidos, mas exibidos sem constrangimento, uma vez que fazem parte do ser humano e da sua história.

O *kintsugi*, por meio da arte, mostra-nos que de uma ferida curada, da lenta reparação após uma ruptura, pode surgir uma forma de beleza e de perfeição superior, deixando-nos, assim, compreender que as marcas da vida em nossa pele e em nossa mente têm um valor e um significado, e que é a partir delas, a partir da cicatrização, que emanam os processos de regeneração e de renascimento interior que nos tornam pessoas novas e resolvidas.

Até as pérolas nascem da dor. Uma ostra que não foi ferida não produz pérolas!

A dor é uma possibilidade

As fraturas, a dor, os traumas fazem mal, é verdade, mas nos ajudam a apreciar a vida.

Temos uma tendência a esconder as nossas feridas, a nossa dor, não para revivê-las, mas para esquecê-las. A cultura ocidental considera as cicatrizes como algo que deve ser eliminado, escondido, apagado, como algo desarmonioso que estraga a imagem, que não deve ser mostrado e valorizado: um ponto fraco ao invés de uma força.

Mas a ferida não deve ser uma culpa, algo de que se envergonhar; deve ser um símbolo, um emblema para ser usado com orgulho. Cada ferida é como uma boca: precisa expressar a sua dor para cicatrizar.

A vida é integridade, mas também é ruptura. E não o seria sem quedas desastrosas e recuperações lendárias.

A dor pode representar uma grande parte de nossa vida, nos marca, nos ensina e revela que estamos vivos, que existimos, que estamos sentindo aquilo que temos à nossa volta, aquilo que respiramos. Quantas vezes, perdidos na penumbra, dissemos a nós mesmos: *"Jamais vou conseguir sair dessa situação"*, e em vez disso superamos o problema. Quantas vezes, feridos por sentimentos, pelo amor, pela amizade, pelas decepções, pensamos em desistir de acreditar, de lutar. E depois, nos reerguemos, encontramos novos horizontes e retomamos o caminho.

As feridas nos tornam aquilo que somos, temperam a nossa coragem e a nossa força. A vida, com efeito, nunca é linear, sempre apresenta algumas rachaduras, cisões, que nos levam a fazer novas escolhas e em enveredar por novos caminhos. São precisamente as incertezas que dão vigor à vida.

Da mesma forma que nos orgulhamos de ter superado com sucesso as dificuldades inesperadas, assim também o vaso tem orgulho de mostrar os sinais daquilo que ele se tornou graças às suas cicatrizes.

Vivemos em uma era narcisista e autorreferencial, na qual tudo que não é novo, perfeito, saudável, deve ser jogado no lixo. Não há espaço para a dor, nem mesmo para o extremo da morte.

Não há espaço para a doença ou para o desconforto. Não há espaço para o sofrimento que torna valioso um acontecimento humano, familiar e profissional. Vivemos em uma época desesperada, em que se "usa e joga fora", estamos destruindo o planeta e seus recursos mais preciosos tais como a terra, a água e o ar. Contudo, o mais perturbador é, sobretudo, a degradação das relações humanas, que se tornaram um simulacro; paradoxo inefável na era em que nunca como antes a humanidade teve à disposição tantos meios de comunicação.

Enquanto dizemos: *"Um vaso quebrado está quebrado e nunca mais será como antes"* para mostrar que, quando um relacionamento é rompido, nada mais poderá ser como antes, os japoneses dizem: *"Um vaso quebrado será ainda mais belo do que antes"*, porque conhecerá os desafios da vida.

A experiência deixou a marca do amor em nossa pele. Até as rugas representam a beleza de uma jornada.

A vida sempre nos coloca à prova para perceber o quanto nos importamos com ela.

Agora há mais consciência

Depois de ler e colocar em prática este livro, estamos mais conscientes de muitas coisas. Por isso, cito uma passagem do poeta e filósofo latino Tito Lucrécio Caro, dedicada à "felicidade do sábio":

> É doce,
> enquanto os ventos agitam as águas do grande mar,
> da terra o esforço alheio contemplar;
> não porque seja um alegre prazer o tormento do outro,
> mas porque é doce
> ver de que males você pode se libertar.
> (Lucrécio, *De rerum natura*, II, vv. 1-4).

Um espectador contempla da terra firme as dificuldades vividas durante um naufrágio. O mar em tempestade representa as dificuldades dos seres humanos para viver, o esforço permanente na busca de riqueza e poder. Este espectador, figura alegórica do sábio epicurista, não participa diretamente dos acontecimentos, mas observa, com comovido distanciamento. Na verdade, o sábio é aquele que vê o que escapa à maior parte das pessoas. Por meio da metáfora do mar em tempestade, a aventura da vida humana é, portanto, representada como uma viagem pelo mar, cheia de riscos, perigos e incertezas, mas que o sábio pode contemplar da distância certa, feliz porque está consciente daquilo de que se libertou.

É por isso que criei o cartaz
É PROIBIDO RECLAMAR

O cartaz é um estimulador positivo de consciência. A mensagem, muito explícita, provoca um encorajamento a não se deixar abater e a não mergulhar no derrotismo, porque o mundo está olhando para nós; e especialmente as pessoas mais próximas poderiam se inspirar em nós.

Ficar abatido é uma perda de tempo e não resolve nada; então é melhor reagir o quanto antes e reencontrar a si mesmo e sua própria força interior, para combater as adversidades e conquistar um lugar digno neste mundo. Partir daquilo que se pode fazer e otimizar os recursos.

Transmitir e agir com entusiasmo é a melhor maneira de mudar nossas vidas para melhor!

> # É PROIBIDO RECLAMAR
> Lei nº 1 de proteção da saúde e do bem-estar
>
> Os transgressores estão sujeitos à síndrome de vitimismo, com a consequente diminuição do bom humor e da capacidade de resolver problemas.
>
> O valor da multa será duplicado quando o delito for cometido na presença de crianças.
>
> **Pare de reclamar e se esforce para melhorar sua vida.**
>
> *Salvo Noè*

CONCLUSÕES

Durante este percurso, percebemos aos poucos que a reclamação não serve para criar uma realidade melhor, mas que a torna pior ou banal. Para obter resultados, você precisa se concentrar naquilo que pode e quer alcançar e colocar nisso toda a sua paixão, competência e vontade de alcançar uma melhor qualidade de vida.

Apenas reclamar é inútil, é necessário agir.

Descobrimos que as feridas também podem se tornar uma maravilhosa oportunidade de amadurecimento e de crescimento. Basta evitar sentir-se vítima e começar a compreender que tudo acontece por uma razão e que nós podemos aproveitá-la.

As palavras do Papa Francisco também reforçaram o nosso caminho, e a sua bênção nos acompanhará para sempre.

Todos os nossos sonhos podem se tornar realidade se tivermos a coragem de persegui-los. Os objetivos devem ser claros e estimulantes para nos dar a carga motivacional certa. Nunca deixemos que aquilo que não podemos fazer interfira naquilo que podemos fazer.

No caminho que percorremos juntos neste livro, tomamos consciência de o quanto podemos fazer para viver bem. É possível colocar novamente no centro de nossa vida os valores éticos, cristãos, solidários, ligados à escuta, ao respeito, às palavras de amor, à alegria do encontro e da partilha.

Criar espaços de escuta e partilha onde se possa dar voz ao peso e à dor de quem sofre e não deixar que as drogas, a violência, o conflito tomem o lugar dos relacionamentos genuínos. Fazer com que simples gestos de atenção possam se tornar grandes oportunidades de recolocar a confiança no centro de nossas vidas. Este livro é uma indicação de como podemos fazer isso e é um ponto de vista sobre o assunto.

Escrevi essas páginas para criar uma partilha estimulante sobre uma temática que considero importante para o crescimento humano e profissional.

O segredo para concluir uma iniciativa é simplesmente começar. Em geral, o simples fato de começar é suficiente para criar uma dinâmica positiva capaz de nos conduzir até o resultado. Seja coerente com aquilo que você deseja alcançar, concentre-se e dê o primeiro passo.

Transforme a sua vida constantemente, evite lamentar-se e **torne-se o melhor de si mesmo!**

É PROIBIDO RECLAMAR

Lei nº 1 de proteção da saúde e do bem-estar

Os transgressores estão sujeitos à síndrome de vitimismo, com a consequente diminuição do bom humor e da capacidade de resolver problemas.

O valor da multa será duplicado quando o delito for cometido na presença de crianças.

Pare de reclamar e se esforce para melhorar sua vida.

Salvo Noè

**Acreditamos
nos livros**

Este livro foi composto em Adobe
Garamond e Bliss Pro e impresso pela
Gráfica Santa Marta para a Editora
Planeta do Brasil em fevereiro de 2019.